Petra Ahrens Monika Klages

Mini-Projekte für die Krippe

Tiere, Formen, Farben, Jahreszeiten & Co.

kaufmann

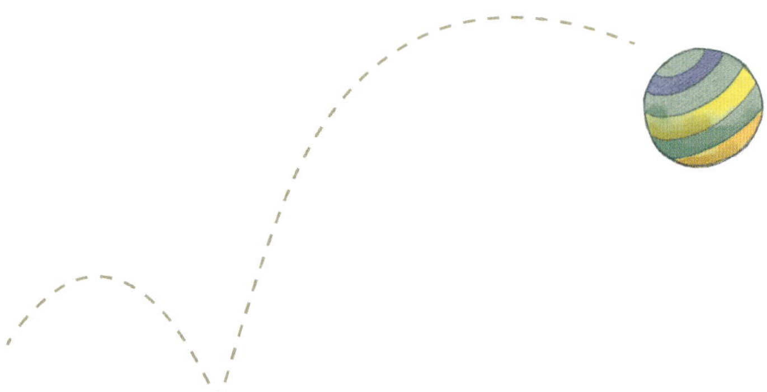

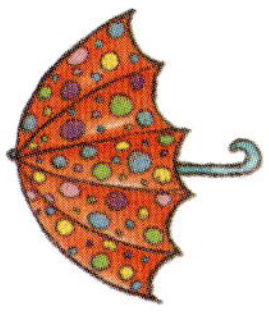

Liebe Leserinnen und Leser!

Die Projektarbeit in der Krippe bereitet nicht nur den Kindern selbst, sondern auch uns, den Pädagoginnen, immer wieder viel Freude. Wir führen seit über fünfzehn Jahren in unserer Krippe Projekte durch, deren Themen die Kinder meist selbst bestimmen. Das geschieht dadurch, dass sie uns auf Gegenstände, Materialen oder Phänomene auf verschiedene Art und Weise aufmerksam machen – sei es durch Zeichen, Gesten oder verbal. Auch die sorgfältige Beobachtung der Vorlieben und Interessen der Kinder vonseiten der Pädagoginnen öffnet den Blick auf Themenbereiche und Projektmöglichkeiten.

Durch eine konsequente Orientierung der Projektthemen an den Bedürfnissen der Kinder können wir in der Regel erreichen, dass sie auch über einen längeren Zeitraum – unter Umständen bis zu einigen Monaten – unsere Anregungen und Angebote engagiert, oft aber auch sehr eigenwillig und in unerwarteter Weise annehmen.

Den Prozess des jeweiligen Projektes dokumentieren wir u. a. in Bilderrahmen, um den Verlauf anschaulich und für die Eltern nachvollziehbar werden zu lassen. Die Eltern sind immer wieder fasziniert davon, wie wir auf die Bedürfnisse ihrer Kinder eingehen und damit deren Entwicklung vorantreiben. Sie sind auch häufig überrascht darüber, was bereits mit den noch sehr jungen Kindern möglich ist.

In der Projektarbeit kann jedes Kind nach seinen Interessen handeln. Die Kinder können ihre Erkenntnisse selbst ermitteln, aufzeichnen und wiedergeben, weil sie Phänomene in ihrer Umwelt selbst aktiv erforschen dürfen. So haben die Kinder die Möglichkeit, mit allen Sinnen, Gefühlen und intellektuellen Fähigkeiten selbstständig tätig zu werden und durch das eigene Handeln zu lernen. Jedes Projekt adressiert unterschiedliche Fähigkeiten und regt zu verschiedenen Formen des Ausdrucks und der kreativen Darstellung an. So wird auch die Individualität eines jeden Kindes wahr- und ernst genommen.

Am Ende jedes Projektes finden Sie einen Kasten mit Ideen zur Vertiefung und Fortführung der Projekte. Wichtig war es uns, einen Impuls zu geben, wie vielfältig und interessant das Arbeiten in Projekten mit Kleinstkindern sein kann. Projektarbeit ist nicht nur im Kindergarten möglich, sondern sie stellt auch in der Krippe eine Form dar, mit den Kindern die Welt zu erforschen und zu erobern.

Wir wünschen Ihnen viel Spaß bei der Lektüre unserer Mini-Projekte.

Petra Ahrens und Monika Klages

Wie unser Tierprojekt entstand

Ein Hund am Zaun, eine Katze, die auf dem Weg sitzt: Wenn wir mit den Kindern in der Umgebung der Kita spazieren gehen, fällt uns immer wieder auf, dass sie gerne Tiere beobachten. Und auch im Gruppenraum stellen wir fest: Die Kinder lieben es, aus dem großen Fenster hinaus in den Kitagarten zu schauen und den Vögeln zuzusehen. Genauso aufregend sind für sie „Krabbeltiere" (Insekten und Spinnen) und sogar einzelne Fliegen, auf die sie uns aufmerksam machen. Ob aus unseren Beobachtungen ein Projekt entstehen kann? Wir nehmen diese Impulse der Kinder auf und beschließen, ein Tierprojekt zu initiieren.

Lassen Sie sich von uns in die Tierwelt mitnehmen und erfahren Sie, wie wir Bauernhoftiere und Haustiere – und auch einige exotische Tiere – in die Krippengruppe holen und wie die Kinder das Thema selbst weiterführen. Für den Beginn des Projekts haben wir eine Überraschung vorbereitet …

Schattentheater:
Eine Überraschung aus dem Schlafraum

Material:
- Bettlaken
- Baulampe
- Befestigung fürs Laken (Wäscheklammern o. Ä.)
- Spielzeugtiere aus Kunststoff
- Korb oder Schale zur Aufbewahrung

An einem Vormittag verwandeln wir den Schlafraum in ein „Schattentheater". Dazu hängen wir ein weißes Bettlaken in den Türrahmen und klemmen eine Baulampe als Lichtquelle an eines der Gitterbetten. Die Kinder sitzen auf dem Teppich, schauen zur Schlafraumtür und warten gespannt, was nun passieren wird.
„Ein Licht angemacht", freut sich Josephine, als die Lampe angeht. Wir halten einen Spielzeughund hinter dem Laken so, dass die Kinder ihn gut erkennen können.
„Ein Hund, macht wau, wau!", rufen die Kinder. Als wir den Hund wegnehmen, bemerken es die Kinder sofort. Viele andere Tiere aus unserer Sammlung folgen.

Eine Badezimmertür, ein Bettlaken und eine Baulampe – fertig ist ein Schattentheater

Dann ist der Umriss des Körpers einer Kollegin zu erkennen: „Birgit, das ist Birgit!", erkennt Jonah sofort. Jetzt wollen die Kinder auch hinter das Bettlaken und selber Schatten werfen. Sie suchen sich Tiere aus und halten sie ins Licht. Hühner, Pferde und Schafe folgen aus unserem Vorrat an Stofftieren.

So nehmen Kleinstkinder Schattenspiele wahr

Schatten sind immer etwas Geheimnisvolles. Wie können Kinder unter 3 Jahren etwas verstehen, das sie eigentlich gar nicht „(be)greifen" können? Bereits im Krabbelalter sind Kinder von Schatten fasziniert und versuchen, sich ihnen zu nähern, um sie zu berühren. Später, im zweiten Lebensjahr, beginnen Kinder sich für ihren eigenen Schatten zu interessieren und sie spielen gerne damit.
Mit Kindern Schattenspiele durchzuführen bedeutet, ihre Vorstellungskraft zu fordern, denn beim Schatten handelt es sich um etwas, das man nicht anfassen kann. Schatten zeichnen nur die Umrisse der Gegenstände oder Lebewesen nach. Schatten sind Erscheinungen, die man nicht erspüren kann, sie haben keine Textur und sind stumm und passiv; andererseits unterliegen sie Veränderungen von Größe und Gestalt, wenn der Schattenspieler das Objekt von der Lichtquelle entfernt oder es an sie heranführt. Schattenspiele sind dadurch für die Kleinen geheimnisvoll. Erkennt ein Kind durch den Schatten das Objekt, das ihn verursacht, kann das ein großes Erfolgserlebnis sein: Wie ein Wissenschaftler hat es anhand eines abstrakten Phänomens die dahinterliegende Realität erkannt.

Tiere aufs Papier bringen:
Erstes Drucken mit Stempeln

Wir stellen den Kindern Stempel mit Tierformen zur Verfügung. Jedes Kind sucht sich einen Stempel mit dem Lieblingstier aus. Wenn die Kinder mit dem Stempeln fertig sind, fragen wir sie: „Welches Tier hast du gestempelt?“ Die Kinder betrachten noch einmal ihre Bilder und benennen die Tiere beim Namen oder imitieren deren Laute.

Schnell selbst gemacht:
Tierstempel aus Moosgummi in fünf Schritten

So schnell stellen Sie sich einen Moosgummistempel in Tierform her. Statt gekaufter Stempel können die Kinder so ganz individuelle Tierstempel entwerfen und ihr Lieblingstier in seiner typischen Haltung selbst aussuchen:

1. Aus einem Sachbuch ein Tiermotiv aussuchen: Die Kinder gehen selbst auf die Suche nach ihrem Lieblingsobjekt.
2. Architekten- oder Butterbrotpapier auf das Motiv legen und mit einem weichen Bleistift (etwa 3B) das Motiv umranden.
3. Papier abnehmen, umdrehen, auf Moosgummi legen (helles Moosgummi, weil man sonst die Konturen nicht erkennt) und die Fläche schraffieren.
4. Motiv aus dem Moosgummi ausschneiden und auf Pappe kleben. Nach Wunsch einen Korken als Griff aufkleben.
5. Mit flüssiger unverdünnter Farbe den Stempel bemalen oder Stempelfarbe benutzen. Losstempeln.

Material:

- Sachbücher über Tiere
- Architekten- oder Butterbrotpapier
- weiche Bleistifte, Radiergummis
- helles Moosgummi, nach Wunsch: Korken
- Scheren, Papp- oder Kartonreste
- flüssige Farben, Malpapier

Selbst gemachte Stempel: Lieblingstiere statt vorgegebener Motive

Noch mehr Tiere auf dem Papier: **Drucken mit Ausstechformen**

Material:
- Bilder von Schafen
- hell- und dunkelgrüner Fotokarton
- weiße, schwarze und ockerfarbene Gouachefarbe (ersatzweise: Fingerfarbe)
- Keksausstechform (Schaf)

„Schaf malen?", fragen die Kinder nach einem Besuch auf einer Schaffarm. Wir betrachten ein Bild von einem Schaf, das auf einer Wiese grast. Hell- und dunkelgrüner Fotokarton dienen als „Weide" und auch weiße, schwarze und ockerfarbene Gouachefarbe haben wir zur Hand. Aber um das Schaf aufs Papier zu bringen, haben wir uns für die Kinder einen Trick einfallen lassen: Sie benutzen ein Schaf-Ausstechförmchen. Das spricht die Kinder sofort an und weckt ihre Neugierde. Auf diese Weise bringen auch unsere Krippenkinder Schäfchen auf ihre Tonpapierweide.
Als Erstes werden die Farben gemischt: viel Weiß und etwas Schwarz mit Ocker, so entsteht der Farbton für das Fell des Schafes. Dann tauchen die Kinder die Schafform in die selbst gemischte Farbe und drücken sie mehrfach auf den grünen Fotokarton.

„Sooo, fertig!" Mit Ausstechförmchen gelingt Rune ein Schaf ganz einfach

Drucken als künstlerische Technik kennenlernen

Mit verschmierten Fingern Abdrücke auf der Tischdecke hinterlassen: für Krippenkinder eine wichtige Erfahrung – wenn auch nicht (immer) für die begleitenden Erwachsenen. Warum ist das Hinterlassen von Spuren für Kinder unter 3 Jahren so wichtig? Und wie können Sie dies mit Druck- und Stempelideen unterstützen?

Der Einsatz von Drucktechniken in Kita-Projekten erlaubt es bereits den Kleinsten, Gegenstände in einfacher Weise abzubilden oder auch abstrakte Bilder zu erzeugen. Das bestärkt gerade jüngere Kinder: eine Selbstwirksamkeitserfahrung im Krippenkindesalter. Junge Kinder machen gewöhnlich von sich aus und oft auch per Zufall ihre ersten Erfahrungen mit dem Drucken. Sie erleben z. B., dass man mit verschmierten Fingern schöne Abdrücke auf der Tapete herstellen kann. Der wässrige, runde Abdruck, den eine Tasse auf einem Wachstischtuch erzeugt, lässt sich ebenfalls wiederholen – so können Muster entstehen, die sich überlagern und das Auge erfreuen. Diese Muster verlangen von den Kindern nur die Wiederholung des Abdrucks, nicht jedoch das erneute Zeichnen oder Herstellen von einzelnen Bildzeichen. Drucken bedeutet nicht den Verzicht auf Farbe, aber der Umgang mit der Farbe ist grundsätzlich anders als beim Malen: Beim Malen geht man von einem Farbklecks aus, aus dem heraus mit dem Pinsel als Werkzeug eine Gestalt geformt wird. Beim Drucken dagegen ist die Gestalt bei der Herstellung der Druckform festgelegt worden; ein Teil des gestalterischen Aktes hat also vor dem eigentlichen Drucken stattgefunden.

Ein „echtes“ Schaf zum Anfühlen:
Ein Wollschaf gestalten

Alina wickelt Wolle in „Schaffarbe“ um einen Papprohling.
Idee: einfach, Lernwert: unbezahlbar

Material:
- unbearbeitete Schafwolle (Wollvlies)
- Wollknäuel
- Karton
- schwarzer Filzstift
- Scheren
- Klebstoff

Die Kinder sehen sich ein Kindersachbuch an, in dem es um die Gewinnung von Schafwolle geht. Das finden sie interessant: Menschen bekommen Wolle von Schafen, damit sie nicht frieren. Wie sich das wohl anfühlt? Wir geben den Kindern unbearbeitete Schafwolle, die sie ausgiebig betasten.

Aus einer doppelten Lage Pappe haben wir für jedes Kind ein Exemplar eines stabilen „Schafes“ von etwa 15 bis 20 cm Länge geschnitten. Dieses Schaf ist nackt. Darum bekommen die Kinder verschiedene Wollknäuel. Sie können unter unterschiedlich dicken Sorten naturfarbener oder schwarzer Wolle aussuchen. Eine Herde verschiedener Schafe entsteht jetzt, indem die Kinder die Wolle um ihren Pappkartonrohling wickeln. Zum Schluss malen die Kinder mit einem feinen schwarzen Stift Augen und Mäuler auf.

Lernen, wo die Schafe wohnen und es auch gleich umsetzen (Bildwand rechts)

Wo die Tiere leben:
Tiere in ihrer Umgebung malen

Material:
- grüne, braune und weiße flüssige Farbe
- Teller
- Schwämme
- Fotokarton
- Schwarz-Weiß-Kopien von Bauernhoftieren

Zusammen mit den Kindern betrachten wir ein Fotobuch, in dem Tiere in ihrem gewohnten Lebensraum abgebildet sind, also Schafe auf Wiesen, Kühe und Pferde auf Weiden, Schweine im Schlamm oder im Stall. Die Kinder tupften mit unterschiedlichen Schwämmen Farben für Lebensräume auf einen großen, weißen Fotokarton. Mal mehr Grün (für Weiden) und mal mehr Braun (für Schlamm oder Stroh).
Am nächsten Tag, als die Farbe getrocknet ist, stellen wir den Kindern Schwarz-Weiß-Fotokopien von Tieren zur Verfügung. Die Kinder schneiden mit unserer Hilfe die Tiere aus und kleben sie in den Lebensraum, den sie für richtig halten. Kühe bekommen ein Zuhause auf der Weide, die Schweine dürfen sich im Schlamm vergnügen. Die so entstandenen Bilder landen auf unserem „Tier-Bord“: Auf einem niedrigen Regal stellen wir ein Bauernhofpuppenhaus mit Tieren auf, mit dem die Kinder gern spielen. Daneben legen wir Tierbilderbücher und Sachbücher sowie Stoff- und Spielzeugtiere für die Kinder aus. Das gemeinsam gestaltete Wiesen-Schlamm-Lebensumgebungs-Bild mit den aufgeklebten Bauernhoftieren stellen wir dazu. Die Kinder stehen oft davor, um das Bild in Ruhe zu betrachten und die Tiere zu benennen. Und auch die Eltern sehen bei ihrem Besuch im Gruppenraum, womit wir uns zurzeit beschäftigen.

So sieht das bei uns aus: Unser Tier-Bord mit Tierspielzeug und unserem selbst gestalteten Tier-Umgebungs-Bild. Jetzt weiß jedes Kind, wo die Tiere wohnen

Tierstimmen nachstellen mit Instrumenten: Da fällt den Kindern gleich etwas ein

Tierische Musik: **Tiere und ihre Geräusche**

Im Sitzkreis stellen wir den Kindern ganz unterschiedliche Instrumente vor, die wir verschiedenen Tieren zuordnen. Wir erzeugen Klänge, die zugleich ein Geräusch, eine Bewegung oder die Stimmlage eines Tieres vertonen. Wie Katzen schleichen? – Dazu schlagen die Kinder sanft das Glockenspiel an. Wie hört sich ein Pferdegalopp an? – Die Röhrentrommel im Takt schlagen. Wenn ein Elefant stampft – dazu schlagen die Kinder einen tiefen Glockenspielton an. Schweinegrunzen – über eine Gurke ratschen. Die Kinder sind sehr interessiert und probieren sich sofort selbst an den Instrumenten aus.

Die emotionale Ausdrucksweise in der Musik kommt bei diesen Tönen besonders zur Geltung. Alle Instrumente haben unterschiedliche Klangfarben, weshalb jedes Instrument mit bestimmten Eigenschaften verbunden werden kann. Beispielsweise wird eine Maus immer mit einem hohen Ton assoziiert, während für die musikalische Darstellung eines Elefanten oder eines Bären ein schwerer, tiefer Ton erzeugt wird.

Wo Schwein, Huhn und Kuh leben: **Eine Bauernhofklanggeschichte**

Die Instrumente, die die Kinder den Tieren zugeordnet haben, können Sie in dieser kurzen Reim-Klanggeschichte einsetzen. Erfinden Sie mit den Kindern weitere Bauernhofreime samt Tieren und Instrumenten dazu!

Es stellt sich vor: Marie, das **Schwein**,
im Schlamm, da will sie gerne sein.
Wälzt sich freudig hin und her,
im Schlamm gefällt's dem Schweinchen sehr.

Als Nächstes kommt das **Schäfchen**,
es hält im Gras ein Schläfchen.
Auf der Weide mag es grasen,
es liebt den grünen, frischen Rasen.

Das **Huhn** lebt hier im Hühnerhaus,
doch manchmal möcht' es gerne raus.
Auf Wiesen und im Hof ist's schön,
da können Hühner spazieren gehn.

Auf einer frischen, grünen Wiese,
da lebt die **Kuh**, die Anneliese.
Knabbert Gras und Blumen dort,
wedelt Mücken und Fliegen fort.

Abschluss im Sitzkreis und Fazit:
Kleine Schlemmerrunde

Für unsere Abschlussbesprechung mit den Kindern haben wir Tierkekse gebacken. Im Sitzkreis verteilen wir die Tierbücher und stellen sie den Kindern kurz vor.
Dazu schlemmen wir die Kekse und auch wir Erzieherinnen ziehen unser kleines Fazit.

Fazit der Erzieherinnen: unglaublich, welche Faszination Tiere auf Kinder ausüben

Im Laufe des Projektes ist deutlich geworden, welche Faszination Tiere auf Kinder ausüben. Tiere oder Abbildungen von Tieren begleiten Kinder in ihrem Alltag, ohne dass wir uns dessen stets bewusst sind. Wir haben Tiere in Bilderbüchern gefunden, auf Windeln, auf Kinderbekleidung, auf Bettwäsche, auf Lätzchen, als Kuscheltiere und Spielzeugfiguren, in Gesellschaftsspielen, als Handpuppen und natürlich auch „in echt".
Die Kinder erweiterten ihren Wortschatz durch die Tiernamen, aber auch die Tiergeräusche und die Bewegungen der Tiere ahmten die Kinder nach. Tiere können den Kindern Trost spenden oder auch Mut machen, Kinder können mit der eigenen Katze schmusen, dem Hund ein Geheimnis erzählen und viele weitere Tiererfahrungen machen. Auch die Fantasie können Tiere fördern, indem sich Kinder so stark wie ein Löwe fühlen, heulen wie ein Wolf, klettern wie ein Affe oder so schön bunt sind wie ein Schmetterling. Auch Tiere kommunizieren und das Nachstellen von Tierlauten bekommt in der Spracherziehung immer wieder einen Platz. Klanggeschichten und Spiele mit den typischen Lautäußerungen von Kuh, Schaf und anderen Tieren können Ihr Tier-Projekt ergänzen. Während des Projektes konnten die Kinder die Tierwelt in ihrer Artenvielfalt kennenlernen und jedes Kind suchte sich nach seinem Charakter und seiner Vorliebe den Umgang mit einem bestimmten Tier anhand der vorhandenen Materialien und Spielmöglichkeiten selbst aus.

Unser Rezept:
Plätzchen in Tierform

Tiere kann man auch backen – und später aufessen

Zutaten:
- 125 g weiche Butter
- 120 g Zucker
- 1 Päckchen Vanillezucker
- 1 Ei
- 250 g Mehl
- 1 TL Backpulver

Zur Verzierung:
- Puderzucker
- Zitronensaft
- flüssige Lebensmittelfarbe

Das Rezept reicht für zwei große Bleche. Sie können aber auch die doppelte Menge Teig herstellen, vor allem, wenn die Kinder beim Ausstechen noch nicht so geschickt sind und der Teig nicht zu dünn ausgerollt werden soll. Die Butter, den Zucker, den Vanillezucker und das Ei mit den Knethaken des Handrührgerätes kurz verkneten. Mehl und Backpulver mischen und dazugeben. Zuerst mit den Knethaken, dann mit den Händen weiterkneten.

Den Ofen auf 175 °C vorheizen. Die Kinder rollen den Teig aus und stechen Tiere aus. Die Plätzchen auf mit Backpapier belegte Bleche legen und etwa 10 Minuten goldbraun backen.

Für den Zuckerguss etwas Puderzucker mit so viel Zitronensaft oder heißem Wasser verrühren, dass ein dickflüssiger Guss entsteht. Nach Wunsch den Guss zusätzlich mit Lebensmittelfarbe einfärben und auf die ausgekühlten Plätzchen streichen.

So könnte Ihr Tier-Projekt weitergehen:

Elefanten-Kunstwerk:

Körperteile eines Elefanten auf graues Papier zeichnen und mit den Kindern ausschneiden. Die Kinder kleben ihn auf einen farbigen Untergrund, den sie selbst gestalten können.

Elefantenparade:

Vier unterschiedlich große Elefanten aus Tonkarton ausschneiden. Den größten Elefanten mit einer Farbmischung aus Weiß und Schwarz mit einer Schaumstoffrolle bemalen, den zweiten Elefanten mit Pappmaschee aus Zeitungspapier kleistern, den dritten mit grauem Papier bekleben und auf den kleinsten Krepppapierknüddel kleben.

Fische aus Papptellern und Farbe:

Zwei Pappteller von der Unterseite bemalen, Flossen und Schwanz aus Tonpapier ausschneiden. Pappteller, Schwanz und Flossen mit einem Tacker zusammenfügen. Mit Glitzerpulver bestreuen und Wackelaugen aufkleben.

Eine Fliege im Gruppenraum:

Aus schwarzem Tonkarton Körper und die sechs Beine zuschneiden. Aus Transparentpapier die Flügel ausschneiden und schwarze Puschel oder Pompons für die Augen aufkleben.

Affen-Hampelmann:

Aus hell- und dunkelbraunem Fotokarton einen Affenkörper und -kopf zuschneiden. Zusammenkleben und mit einer Lochzange vier Löcher für Arme und Beine in den Körper stanzen. Braune Pfeifenputzer durch die Löcher ziehen, Pfeifenputzer formen und befestigen. An Lianen aus Krepppapier aufhängen.

Giraffe zum Betasten:

Aus Pappkartonresten Körperteile der Giraffe zusammenstellen: vier Beine, einen langen Hals, einen Kopf, einen Schwanz und einen Körper. Den Kopf mit einer Farbkopie eines Giraffenkopfes bekleben. Auf die zugeschnittenen Kartonkörperteile unterschiedliche Materialien in Brauntönen kleben, z. B. Filz, Kork, Tonpapier, Papier in Giraffenfelloptik. Aus Bast entstehen Schwanzspitze und Mähne.

Regenwürmer schneiden:

Mit tonartiger Modelliermasse Regenwürmer formen, mit einem kleinen Stück harten Kartons die Falten einkerben. Ein taktiler Spaß und eine Vorübung zum Ausschneidenlernen für Krippenkinder.

Raupe aus PlayMais:

PlayMais-Stücke mit Wasser zusammenfügen.

Ein Bewegungsangebot für Raupen und Schmetterlinge:

Durch einen Kriechtunnel krabbeln und mit bunten Chiffontüchern durch den Raum flattern.

Karneval der Tiere:

CD „Karneval der Tiere" hören und sich nach der Musik bewegen.

Ein Tierbuch:

DIN-A4-Blätter in der Mitte falten, Blätter mit Tieren gestalten: Stempeln, Fellreste und Papier in Felloptik und Abbildungen von Tieren aufkleben. Ein Bogen Tonkarton dient als Umschlag. Zusammennähen: mit der Hand oder besser mit der Nähmaschine.

Wie der Frühling Einzug in unsere Kita hält

Der Frühling kündigt sich an: Die ersten Frühblüher wie Perlhyazinthen und Osterglocken machen sich bemerkbar; an Sträuchern und Bäumen bilden sich Knospen und die Tage werden länger. Wir kaufen mit einigen Kindern Frühlingspflanzen wie Osterglocken und Primeln. So kann der Frühling auch in unseren Gruppenraum einziehen.

Passend zum Frühling haben die Kinder ein Bilderbuch von einer kleinen Ente entdeckt, das sie sehr fesselt. Ein guter Ausgangspunkt für ein Projekt rund um Enten, Hühner und ihre Eier und Küken.

Gerade Küken, die frisch zur Welt kommen, entzücken die Kinder. Wir haben einen Weg gefunden, wie wir Weichheit und Kuschelgefühle, Geburt und Schlüpftage in der Krippengruppe miterleben und außerdem Osterdekorationen und Elterngeschenke gestalten können.

„Die kleine Ente":
Ein Bilderbuch gibt den Auftakt

Enten am Teich: Unser Bild entsteht mit Enten-Ausstechförmchen, die die Kinder in gelbe Farbe tunken

Material:
- Keksausstechform (Ente)
- gelbe Fingerfarbe
- grüner oder blauer Tonkarton
- weißes Papier
- blaue Aquarellstifte

Aus dem Bilderbuch „Die kleine Ente" von Bob Bampton möchten die Kinder immer wieder vorgelesen bekommen. „Die kleine Ente" ist 1997 erschienen, das Buch hat also schon einige Jahre auf dem Buckel. Wir kaufen weitere Entenbücher für die Kinder ein. Die Kinder sind fasziniert, was die kleinen Enten in unseren Büchern jeweils erleben.

Das Interesse der Kinder an Enten nehmen wir auf. Wir besuchen echte Enten an einem Teich und bekommen jetzt im Frühling eine Entenfamilie zu Gesicht. Um ihren Erfahrungen Ausdruck zu verleihen, können die Kinder mit gelber Farbe und einem Keksausstecher in Entenform „Enten auf dem Teich" drucken. Dazu tauchen sie die Entenform in gelbe Farbe und drucken sie mehrfach auf hell- und dunkelblauen Tonkarton. Eine weitere Variante ist, dass die Kinder mit Aquarellstiften einen Teich malen. Dafür zeichnen sie mit Blautönen auf weißes Papier und mit einem nassen Pinsel streichen sie darüber, sodass die Farbe verschwimmt. Der Teich wird auf grünen Tonkarton – die Wiese – geklebt und die Kinder können wieder mit dem Keksausstecher und gelber Farbe Enten auf den Teich oder die Wiese drucken.

Vielfältige Materialerfahrung: Ein Motor für die Gehirnentwicklung

Kinder machen in ihren ersten Lebensjahren vielseitige Materialerfahrungen zum ersten Mal. Die Auseinandersetzung mit den unterschiedlichen Materialien, die Erforschung und das Experimentieren mit diesen: Das alles stellt für die Kinder eine wesentliche Grundvoraussetzung ihrer Entfaltungsmöglichkeiten dar. Frühzeitiger Umgang mit unterschiedlichen Materialien und Werkzeugen unterstützt nachweislich die Intelligenzentwicklung. Das Gehirn wird angeregt, neuronale Netze und Verknüpfungen entstehen, die Sinne werden angesprochen. Kinder experimentieren bereits mit Materialien und Gegenständen in ihrer Umgebung, noch bevor sie überhaupt sprechen können. Sie erforschen die Eigenschaften der physikalischen und materiellen Welt. Den Wissensdrang der Kinder unterstützen wir damit, dass wir ihnen Experimente und kreative Gestaltungsmöglichkeiten bieten, wobei es aber nicht (nur) um das Endergebnis geht, sondern in erster Linie um die Materialerfahrung selbst.

Enten, Hühner und Eier:
Besuch auf einem Bauernhof in der Osterzeit

Wo kommen Eier her? Das wollen wir mit den Kindern erfahren. Deshalb haben wir einen Ausflug zu einem Bauernhof mit Hühnerhaltung organisiert. Zuerst sehen sich die Kinder in der Scheune um und bestaunen den großen Trecker, dann folgen sie dem Gegacker der Hühner. Diese sitzen im Stall oder sind in einem großen Auslaufkäfig im Freien. Die Kinder zeigen kaum Scheu und begeben sich auf Augenhöhe mit den Hühnern. Ein kleines Podest ermöglicht es ihnen, Eier selbstständig aus den Nestern zu nehmen und in Körbe zu legen, um sie in die Kita mitzunehmen. Zum Schluss schauen wir uns an, was die Hühner fressen, dann dürfen die Kinder noch Körnerfutter an die Hühner verteilen.

Eier zum Essen:
Rührei aus selbst gesammelten Eiern

Voller neuer Eindrücke treten wir den Rückweg in die Kita an. Die mitgebrachten Eier verarbeiten wir am nächsten Tag zu Frühstücksrührei. Wir schlagen ein Ei auf und sehen uns das Eigelb und das Eiweiß genauer an. Leo meint: „Ein Spiegelei." Dabei ist es interessant, wie geschickt einige Kinder beim Aufschlagen der Eier schon sind. Alle Eier werden verrührt, gewürzt, in der Pfanne gebraten und mit Genuss verzehrt. Wohin mit den Eierschalen? Alle Schalen werden in heißem Wasser gesäubert, denn wir verwenden sie bei der folgenden kleinen Gestaltungsaktion weiter.

Osterdekoration für die Kita: **Ein Küken aus Filz**

Material:
- gelbe und naturfarbene Märchenwolle
- Flüssigseife
- Wasser
- roter Filzstift
- Papierförmchen (Muffinförmchen)
- Ostergras, Moos oder echtes Gras

Flauschig: Küken kann man mit Wolle und Wasser sogar selbst machen

Aus Märchenwolle filzen wir mit den Kindern kleine Küken. Dazu wird warmes Wasser in eine Schüssel gefüllt und etwas Flüssigseife hineingegeben. Aus gelber und naturfarbener Märchenwolle formen wir einen kleinen „Ball", den wir mit Wasser vollständig durchtränken. Die Kinder kneten und rollen diesen Ball dann mit ihren Händen, sodass etwas Schaum entsteht und die Wolle verfilzt. Jetzt können wir daraus ein Küken formen. Zum Schluss wird noch mit einem Buntstift ein roter Schnabel aufgemalt.

Ein XXL-Zuhause für die Küken: **Enteneier für Entenküken**

Material:
- Luftballons
- Kleister
- weiße Papierschnipsel
- Zahnbürste, Sieb
- braune Farbe (Tusche)

Hühnerküken sehen nicht genauso aus wie Entenküken und Enteneier sind größer als die Eier von Haushühnern. Um auch Enteneier herzustellen und die größeren Filzküken unterzubringen, ummanteln wir aufgeblasene Luftballons mit Kleister und weißen Papierschnipseln. Um die Farbe der Eier möglichst naturgetreu hinzubekommen, mischen wir braun, weiß und gelb zusammen. Die Sprenkel der Eier stellen wir mit Spritztechnik her: Mit einer Zahnbürste und einem Sieb spritzen die Kinder verdünnte braune Farbe auf ihr Ei. Wenn die Eier getrocknet sind, „knacksen" wir sie mithilfe eines Messers und im Zickzackmuster auf und legen die zuvor hergestellten Küken hinein.

Ein Fingerspiel vom Hühnerhof:
Die fünf Hühnerchen

Mit einem Gedicht von Victor Blüthgen, das in der Heilpädagogik häufig verwendet wird, möchten wir das Thema „Hühner" vertiefen. Die Begleitung zu den Reimen haben wir uns mit den Kindern selbst ausgedacht.

Ich war mal auf dem Dorfe,
da gab es einen Sturm.
(eine Hand mit den fünf Fingern hochhalten und dagegenpusten)

Da zankten sich fünf Hühnerchen
um einen Regenwurm.
(mit dem Zeigefinger der anderen Hand den Wurm kriechen lassen)

Und als kein Wurm mehr war zu sehn,
da sagen alle: Piep!
(alle rufen laut „Piep!")

Da hatten die fünf Hühnerchen
einander wieder lieb.
(mit den Fingern wackeln und „Juhu!" rufen)

Schicke Ostergeschenke für die Eltern:
Papiertaschen bedrucken

Material:
- Papiertaschen
- Stempel
- Klebebilder
- Federn
- Klebstoff

Die Kinder bedrucken Papiertaschen mit österlichen Motiven, z. B. mit Hähnen, Hasen, Küken und Lämmern. Die Stempel haben wir selbst angefertigt, die Herstellung ist auf S. 8 beschrieben. Einige Tüten legen wir als Geschenk für die Eltern weg. Die restlichen Ostertüten hängen wir an einer Schnur vor dem Fenster auf und füllen sie mit bunt gestalteten Eiern. Gefärbte Eier werden dazu mit Klebebildern verziert oder mit Federn beklebt.

Abschluss mit Feinmotorik:
Das Enten-Angelspiel

Material:

- Kinderbadewanne aus Kunststoff oder Kinderpool/Planschbecken
- viele Kunststoffenten
- Drahtösen (auch möglich: Klebehaken aus dem Baumarkt)
- Angeln (Stöckchen mit Wäscheleine und Haken oder Laternenstäbe)

Das Entenangelspiel ist gleichzeitig Höhe- und Endpunkt unseres Projekts rund um Enten, Hühner und den Frühling. Inzwischen ist es schon warm und die Kinder können längere Zeit draußen spielen. Wir stellen als Teich eine große blaue Kunststoffwanne im Garten auf. In die leere Wanne setzen wir eine große Schar von gelben Kunststoffenten, auf deren Köpfen Ösen aus Draht angebracht sind. Mit „Angeln", Stöckchen mit Haken, versuchen nun die Kinder, sich jeweils eine Ente zu angeln. Das gelingt ihnen zunächst nur mit unserer Hilfe. Aber sie lernen das Prinzip kennen, mit Geduld einen Haken in eine Öse einzuführen. Am Ende spielen die Kinder das Angelspiel aber so, wie sie es selbst wollen; sie klettern in die Wanne, setzen die Enten an verschiedene Plätze, nehmen sie aus der Wanne oder ordnen sie in einer Reihe an. Immer fällt ihnen eine andere Variante an. Wir freuen uns auf den Sommer, denn dann können wir die Wanne mit Wasser füllen und das Spiel kann von Neuem beginnen …

Leere Bademuschel und Kunststoffenten: Der Knaller bei unseren Draußenspiel-Attraktionen

So könnte Ihr Oster- oder Frühlings-Projekt weitergehen:

Feder-Kunstwerkchen:

Federn sammeln, mit weißer Fingerfarbe und einem Schaumstoffroller über die Feder rollen, anschließen auf Packpapier drucken.

Eierkunst:

Ausgepustetes Ei zusammen mit Transparentmalfarbe in einen Joghurtbecher geben, mit dem Deckel verschließen und schütteln: Das Ei sieht aus wie marmoriert.

Federn zum Anfühlen:

Feder in Modelliermasse stecken und trocknen lassen.

Eierspur:

Aus Fotokarton eine Eiform mit einer Höhe von ca. 14 cm ausschneiden und auf Papier befestigen. Die Kinder rollen mit einer eingefärbten Walze oder einem Schaumstoffroller über die Schablone. Nehmen sie die Schablone ab, ist ein Abdruck zu sehen.

Wie unser Fahrzeuge-Projekt angeschoben wird

Es brummt und rollt in der Krippengruppe: Im Kitagarten spielen die Kinder mit Modellautos, sie fahren mit Bobby Cars herum und auch Spielzeuglastwagen sind beliebt: Sie werden immer wieder mit Sand beladen, der anschließend ausgekippt wird. Im Puppenwägelchen werden neuerdings Bauklötze transportiert.

Was ist das Spannende an Fahrzeugen?

Sie haben Räder, sie rollen, sie lassen sich bewegen, man kann sie schieben und einige können beladen werden. Wir nehmen das Interesse der Kinder auf und gestalten mit ihnen ein Projekt daraus.

Lesen Sie, wie wir mit den Kindern bewegte Körper oder Bewegung am eigenen Körper erfahren und wie wir das Gelernte mit den Kindern aufarbeiten und künstlerisch umsetzen. Bewegte Fahrzeuge nehmen wir zum Anlass, um dem Bewegungsdrang der Kinder entgegenzukommen.

Am Anfang war das Fahrzeug?

Ansehen, Ausprobieren, (Wieder-)Erkennen

Wie lernen Krippenkinder?

Lernen ist die Fähigkeit, Wahrgenommenes zu verstehen, zu ordnen und die verschiedenen Erfahrungen miteinander in Beziehung zu setzen. Immer wieder sind wir begeistert von dem Schwung, der Kraft und der Beharrlichkeit, mit der die Kinder ihre Ziele verfolgen.

Die Anstrengungen der Kinder sind nicht nur auf die Befriedigung von existenziellen Bedürfnissen – Verlangen nach Zuneigung oder Nahrung – gerichtet, sondern auch darauf, zu experimentieren, nachzuahmen, Funktionen zu ergründen, eigene Werke herzustellen und damit kreativ zu leben. Wer viel ausprobiert, erhöht seine Kompetenz. Und mehr Kompetenz ermutigt zu neuen Bemühungen und Aktionen.

Zuerst stellen wir den Kindern eine Sammlung von kleinen Spielzeugautos und Transportfahrzeugen sowie Bücher mit Abbildungen von Autos und verschiedenen Nutzfahrzeugen – Polizeiwagen, Müllwagen, Feuerwehrautos und andere – zur Verfügung. Aus Spielzeugprospekten schneiden wir dazu weitere Fahrzeuge und Spielzeugfahrzeuge aus. Wir beobachten, wie die Kinder die Gegenstände annehmen und die Bücher und Abbildungen mit Interesse durchblättern. In einer Tour lassen sie die kleinen Spielzeugautos durch die Gruppe fahren. Sie zeigen auf das Bild eines Fahrzeugs in einem der Bücher und machen uns dabei auf eines ihrer Spielzeugautos aufmerksam, um uns zu signalisieren, dass sie ihr kleines Auto in dem Buch wiedererkannt haben. Schritte in die Welt des Lernens, die die Kinder selbst und fast ohne Hilfe unternehmen.

Transportieren mit Lastern und Anhängern: Stofftiere fahren mit

Rad-Rallye:
Mit dem Fotoapparat auf Entdeckungsreise

Gemeinsam mit den Kindern ziehen wir, ausgerüstet mit einem Fotoapparat, durch den Gruppen- und den Waschraum. Dabei fotografieren wir die kleinen Spielzeugautos und die Fahrzeuge der Kinder und wir schauen uns um, wo es sonst noch Räder gibt oder Objekte, die eine Ähnlichkeit mit Rädern aufweisen. Wir staunen, was wir alles finden: natürlich Autoreifen, aber auch das Rad vom Puppenwagen. Wir fotografieren unsere Entdeckungen und befestigen die Aufnahmen an der Wand hinter dem Regal, auf dem sich die Sammlung mit den Fahrzeugen befindet.

Was hat alles Räder? Alle Räder, auch die vom Puppenwagen, werden fotografiert

In der Stadt ist viel Verkehr:
Ein Mitmach-Gedicht mit Geräuschen

Passend zum Gedicht machen die Kinder die jeweiligen Fahrzeuge nach: Sie bewegen sich beispielsweise mit passenden Bewegungen durch den Raum oder auf der Stelle und versuchen, die Geräusche von Laster, Fahrrad, Feuerwehrauto usw. nachzuahmen. Am Ende können die Kinder eine kleine Weile ausruhen.

In der Stadt ist heut' viel Verkehr,
Fahrzeuge fahren hin und her.

Laster brummen mit schweren Lasten,
beladen mit Kisten, Containern und Kasten.

Fahrräder zischen durch Schlangen und Stau,
Fahrradfahren ist wirklich schlau.

Autos hupen und rasen umher,
in der Stadt ist heut wirklich sehr viel Verkehr.

Ein **Feuerwehrwagen** mit Licht und Lärm
möchte zu einem Hausbrand sehr gern.

Ein **Bus** bremst zischend und öffnet die Tür,
die Fahrenden danken dem Fahrer dafür.

Bald ist es Nacht und die Stadt kommt zur Ruh,
wir legen uns hin, ich und du.
Gute Nacht!

In der Turnhalle:
Räderrollen mit dem Körper nachempfinden

Wie fühlt es sich an, ein Rad zu sein? Wir bauen aus großen Matten einen Hügel, von dem sich die Kinder herunterrollen lassen können. Auf diese Weise erleben sie sich selbst als einen rollenden Körper. Die hier gewonnenen Erfahrungen geben Aufschluss über physikalische Gesetzmäßigkeiten: die klassische „schiefe Ebene" für Krippenkinder begreifbar gemacht. Die Kinder verstehen: Ein Ball, den ich loslasse, fällt auf den Boden. Ein Rad, das auf einer schiefen Fläche steht, beginnt zu rollen. Das Geheimnis dahinter: die Erdanziehung oder auch Gravitation.

Warum Kleinstkinder toben müssen

Permanenter Bewegungsdrang und die Suche nach Bewegungsanlässen sind Charakteristika der Kindheit. Ein Bewegungsangebot in der Turnhalle sollte sowohl freies Spiel als auch angeleitete Einheiten beinhalten. Im Alltagsgeschehen dagegen stehen die Eigenaktivitäten der Kinder und das freie und kreative Erproben von Bewegungsmöglichkeiten und Gegenständen alleine und miteinander im Vordergrund.

Welche Spuren hinterlassen Fahrzeuge?
Reifenprofile sichtbar machen

Material:
- Spielzeugautos
- Fingerfarbe
- Teller
- weißes Papier

Wir stellen den Kindern verschieden große und kleine Spielzeugautos und Spielzeuglastwagen sowie Kindersachbücher über Fahrzeuge zur Verfügung und betrachten mit ihnen die Reifen der Spielzeuge und der abgebildeten Autos. Jeder Reifen hat ein unterschiedliches Profil. Damit sie die Profile der Reifen sichtbar machen können, erhalten die Kinder auf einem flachen Teller Fingerfarbe. Sie tauchen die Reifen der Autos in die Farbe und fahren damit über ein weißes Stück Papier. Die Profile der Reifen hinterlassen Spuren auf dem Papier und werden so sichtbar.

So sehen Reifenprofile aus: Hier die Mini-Variante. Große Reifenprofile gibt's auf dem Waldweg und dem Parkplatz zu sehen

Mitmachlied mit Fahrzeug:
Die Räder von dem Bus

Die Räder von dem Bus, die rollen dahin,
rollen dahin, rollen dahin.
(Hände vor dem Körper umeinanderdrehen)

Die Räder von dem Bus, die rollen dahin
durch die ganze Stadt.

Die Türen von dem Bus gehen auf und zu,
auf und zu, auf und zu.
(Handflächen vor dem Gesicht öffnen und schließen)

Die Türen von dem Bus gehen auf und zu
durch die ganze Stadt.

Die Wischer von dem Bus gehen hin und her,
hin und her, hin und her.
(mit beiden Zeigefingern hin- und herwippen)

Die Wischer von dem Bus gehen hin und her
durch die ganze Stadt.

Die Hupe von dem Bus macht tut tut tut, tut
tut tut, tut tut tut.
(bei „tut tut tut" mit dem Zeigefinger auf den Bauch des Kindes/den eigenen Bauch drücken)

Die Hupe von dem Bus macht tut tut tut
durch die ganze Stadt.

Die Kinder in dem Bus laufen hin und her,
hin und her, hin und her.
(mit Zeigefinger und Mittelfinger das Laufen nachmachen)

Die Kinder in dem Bus laufen hin und her
durch die ganze Stadt.

Der Busfahrer sagt: „Nein, das dürft ihr nicht,
dürft ihr nicht, dürft ihr nicht."
(schimpfend einen Zeigefinger hin- und herbewegen)

Der Busfahrer sagt: „Nein das dürft ihr nicht"
durch die ganze Stadt.

Die Omas in dem Bus machen strick strick strack,
strick strick strack, strick strick strack.
(mit beiden Zeigefingern das Stricken nachmachen)

Die Omas in dem Bus machen strick strick strack
durch die ganze Stadt.

Die Opas in dem Bus lesen Morgenpost,
Morgenpost, Morgenpost.
(mit beiden Händen das Auf- und Zuklappen einer Zeitung nachmachen)

Die Opas im Bus lesen Morgenpost
durch die ganze Stadt.

Die Reise mit dem Bus ist nun leider aus,
leider aus, leider aus.
(mit den Händen „Schade!" machen: Schultern hochziehen, Hände ausbreiten)

Die Reise mit dem Bus ist nun leider aus,
leiiiideeeer auuuuus.
(lange klatschen)

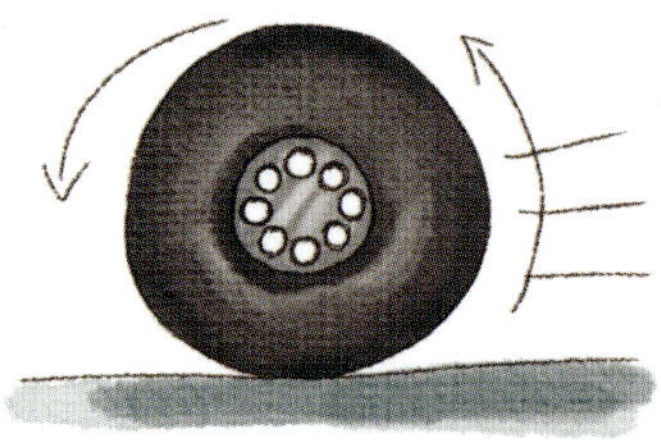

Fahrzeuge aus der Schublade: Ein Auto aus Alltagsmaterial gestalten

Unser „Abfallauto" besteht aus Deckeln, Korken und Plastikbechern

Material:

- große Pappschachteln
- Plastikbecher und Deckel
- Korken und Perlen
- Schaschlikspieße
- Korkscheiben
- Klebstoff
- Fingerfarbe

„Was gehört zu einem Auto dazu?", fragen wir die Kinder. „Das", sagt Greta und zeigt auf die Räder. „Hier ist Räder, Auto", weiß auch Rune.
Wir sammeln verschieden große Pappschachteln, Deckel, Korken und Plastikbecher, um ein Modellauto zu bauen. Zuerst suchen wir uns die „Karosserie" aus. Wir kleben zwei Pappschachteln zusammen und überlegen, was noch dazugehört. „Ich die Scheibe kleben", sagt Greta. Für die Scheibe nehmen wir ein Stück stärkere Folie und kleben sie vorne an die Schachtel. Für die Kinder sind die Räder am wichtigsten, denn dadurch kann das Auto rollen bzw. fahren. Diese Konstruktion ist schon etwas schwieriger. Wir brauchen Schaschlikspieße, Perlen, Korkenscheiben und Deckel. Die Schaschlikspieße stecken wir durch die Schachteln. Auf jedes Ende wird eine Perle geschoben, ein Korken gesteckt und die Deckel werden mit Kleber fixiert. Und tatsächlich drehen sich die Räder und das Auto kann fahren. Zum Schluss „lackieren" wir das Auto noch mit Fingerfarbe.

Erstes Bauen und Konstruieren

Rollende Räder und das Herstellen fantasievoller Fahrzeuge regen bei den Kindern das logische Denken an. Sie verdeutlichen das Prinzip Technik auf einfache Art und Weise und ermöglichen grundlegende Erkenntnisse beim Bauen und Basteln. Die Verwendung von Fundstücken aus dem Alltag und aus der Natur fördert das erfinderische Denken. Wenn ein Kind aus Pappe und Holzstäbchen, Schraubdeckeln und anderen Verpackungsmaterialien ein kleines Auto baut, muss es entscheiden, ob Dinge, die schon einen bestimmten Zweck erfüllt haben, für einen anderen, neuen Zweck geeignet sind.

Straßen für Fahrzeuge:

Unser selbst gemachter Autoteppich

Material:

- Holzplatte
- schwarzes Moosgummi
- Holzbäume
- Bastschnipsel
- Hologrammfolie
- kleine Baumscheiben
- Sand
- Straßenschilder
- Spielzeugenten

Die Kinder nutzen jede Gelegenheit, ihre selbst gemachten Spielzeugautos auf Flächen fahren zu lassen. Rune fragt: „Wo ist die Straße?" Eine gute Frage. Wir besorgen uns eine große Holzplatte und verschiedene Materialien, um die Straßen und dann die Landschaft damit darzustellen. Als Straßen schneiden wir lange Streifen aus schwarzem Moosgummi zu. Simon und Brian fangen gleich an, auf den schwarzen Moosgummistreifen die Autos fahren zu lassen. „Ich Kleber drauf", bietet Rune an und klebt die Streifen als Straßen auf die Holzplatte.

Zuerst verteilen wir die Straßen und überlegen dann, was noch dazugehört. „Bäume auch?", fragt Jakob und stellt Holzbäume auf. „Paar Häuser", meint Greta. Die Zwischenräume dekorieren wir mit blauer Hologrammfolie, grünen Bastschnipseln, Baumscheiben und mit Sand. Lebendig wird es mit Straßenschildern, Enten, die auf dem Teich schwimmen, und Figuren, die über den Zebrastreifen gehen. Die anderen Kinder kommen immer wieder zum Tisch und gucken, wie sich aus der Holzplatte der Autoteppich entwickelt.

Unser selbst gemachter Autoteppich für die Spielzeugautos

Sortieren der Eindrücke – und Fahrzeuge: **Unser Fazit**

Autos werden in Reihen aufgebaut, gestapelt oder auch nach Farben sortiert. Die Experimentierfreude der Kinder kennt keine Grenzen.

Das Projekt „Fahrzeuge" entspricht den Vorlieben der Kinder, die sich gerne mit Dingen beschäftigen, die sich auf die eine oder andere Art bewegen lassen. Sie tragen zu dem Projekt aktiv bei, indem sie von zu Hause ihre eigenen Spielzeugautos mitbringen und unsere Kollektion an Fahrzeugen erweitern. Zum Ende des Projekts benutzten sie die Adjektive „groß" und „klein", benennen Farben, erkennen schon an den Umrissen der Autos, um welchen Typ es sich handelt. Gleichzeitig hat sich ihr Sprachschatz erweitert und sie entwickeln immer häufiger eigene Spielideen.

Fertig: alle Autos nach Größe und Farbe sortiert – kindliche Ordnungskriterien für die Kitawelt

So könnte Ihr Fahrzeuge-Projekt weitergehen:

Collage aus der Schublade:

Haarringe, Gardinenringe oder aus Papprollen geschnittene Ringe als Reifen verwenden, eine flache Schachtel oder den Deckel einer Schachtel als Karosserie nehmen oder das Auto als Polizeiwagen mit Blaulicht herstellen. Alle Gegenstände auf einen Bogen stabiler Pappe oder Leinwand kleben.

Bilder von Lastwagen und Autos sammeln und laminieren:

Mit den Kindern nach Kategorien sortieren.

Lastwagen als Collage anfertigen:

Deckel von Marmeladengläsern oder Kunststoffdeckel als Räder verwenden, einen kleinen flachen Karton als Führerhaus und einen Kartondeckel als Ladefläche nehmen.

Ein Autobuch herstellen:

DIN-A4-Blätter in der Mitte falten; die Kinder bekleben oder bestempeln sie mit Automotiven. Anleitung für ein Buch: siehe Seite 75.

Wie das Wasser in unsere Projektplanung einfließt

Die Kinder drehen mit viel Spaß den Wasserhahn im Waschraum auf und zu. Dabei kümmert es sie wenig, wenn ihre Kleidung nass wird. Sie lassen das Wasser mit Genuss durch ihre Finger rinnen, spritzen andere Kinder nass.
Beim täglichen Abwasch möchten die Kinder gerne mithelfen. Selbst Regenwetter bereitet den Kindern Freude, sie spielen an Pfützen oder springen mit ihren Gummistiefeln hinein. Wir beobachten: Wasser ist für alle Kinder von klein an spannend.
Sich ausgiebig mit diesem Element auseinanderzusetzen, durch selbstständiges Experimentieren die Eigenschaften des Wassers kennenzulernen und Wasser am eigenen Körper spüren zu dürfen: Das möchten wir den Kindern ermöglichen, indem wir ein Projekt rund um Wasser, Regen und Pfützen starten. Unsere Kinder erschließen sich auf diese Weise ein erstes naturwissenschaftliches Grundverständnis und stärken das Empfinden für den eigenen Körper.

Legen Sie Ihr Wasser-Projekt in den Sommer, damit die Kinder das kühle Nass nach Lust und Laune und an heißen Tagen auch mit dem ganzen Körper erleben können.

Augenfreude in der Wasserwerkstatt: **Die geheimnisvollen Flaschen**

Die Zauberflaschen zeigen es genau. Manches vermischt sich, manches nicht

Material:
- Kunststoffflaschen
- Korken
- bunte Steine
- Wachsmalstifte
- Glitzersteine
- Trichter
- Spülmittel

Ein heißer Sommertag: Im Außengelände füllen wir unseren Sandtisch diesmal mit Wasser. Dazu stellen wir verschiedene Behälter auf: eine kleine Gießkanne, Kunststoffdosen, kleine Eimer, ein Sieb. Die Kinder haben aber eigene Ideen, was man alles ins Wasser legen oder fallen lassen könnte. Sie schleppen Kunststoffteller, Becher und Steine an. Was schwimmt, was geht unter? „Teller schwimmt oben, Stein weg!", fasst Greta zusammen, was alle beobachten.

Damit die Kinder sich ausgiebig mit diesem Phänomen beschäftigen können, füllen sie mit unserer Hilfe transparente Kunststoffflaschen mit Mischungen aus Wasser und unterschiedlichen Dingen oder Materialien. Zuerst kommen die Materialien hinein: Korken, bunte Steine, Späne von Wachsmalstiften, Glitzersteine. Dann füllen die Kinder mithilfe eines Trichters die Flaschen zur Hälfte mit Wasser auf. Einige Flaschen werden zusätzlich mit etwas Spülmittellösung gefüllt, damit es beim Schütteln später schäumt. Nachdem wir die Flaschen sicher verschlossen haben, können die Kinder sie hin und her bewegen und beobachten, wie sich das in der Flasche befindliche Material verhält.

Die Wachsmalspäne sind wie ein bunter Regen und die Korken schwimmen immer auf der Wasseroberfläche, während die Steine beim Schütteln klappern. Am aufregendsten empfinden die Kinder jedoch die Flaschen, die auch Spülmittel enthalten: „Oh, Schaum!" Deshalb machen wir am nächsten Tag selbst Seifenblasen mit den Kindern. Wir benutzen dazu „Pustefix" (die bekannten Kunststoffblaseröhrchen aus dem Spielwarenhandel). Mit Vergnügen beobachten die Kinder, wie Seifenblasen in der Luft schweben, um dann zu zerplatzen.

Klopf, klopf, Regentropfen:
Regentropfen sicht- und hörbar machen

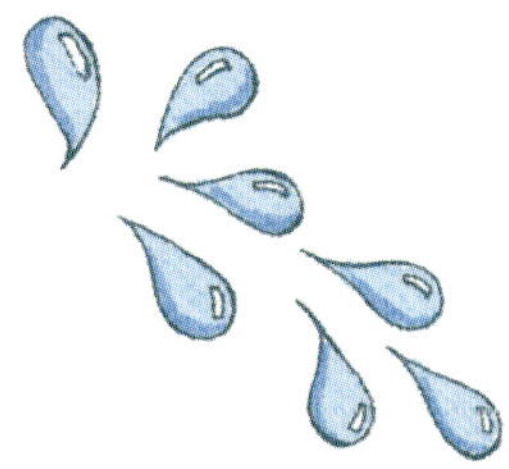

Material:
- Filzstifte
- Wachsmalstifte
- Malpapier

Ein Regenschauer prasselt gegen unser Gruppenraumfenster. Eine gute Gelegenheit, einen Reim aufzusagen, der lautmalerisch das Klopfen und Tropfen aufgreift. Nach einiger Zeit begleiten die Kinder den Reim auch mit Trommeln und anderen Instrumenten.

Klopf, klopf, Regentropfen,
wollen an dein Fenster klopfen.
Klipf und klopf aus Wolken tropfen
viele kleine Regentropfen.

Sammeln sich am Fenster dort,
rinnen fort von Ort zu Ort.
Klipf und klopf, ihr kleinen Tropfen,
dürft gern an unser Fenster klopfen.

Kann man Regentropfen eigentlich auch malen? Wie könnte das gehen?
Die Kinder bekommen Filz- und Wachsmalstifte. Durch festes Klopfen bringen sie Punkte und Striche auf ein Blatt Papier. Beim Malen machen sie so die Klopf- und Tropfgeräusche nach.

Kinder erleben die Anziehungskraft von Wasser

Kinder erleben das Element Wasser sehr früh in ihrem Alltag: Sie trinken Wasser, werden mit Wasser gewaschen und sie baden darin. Wasser spült durch die Toilette, kommt vom Himmel und rinnt in Bächen und Flüssen. Auch Wasser in anderen Aggregatzuständen als dem flüssigen weckt ihr Interesse: Schnee ist weich, dabei kalt und er schmilzt in der Hand, während Eis hart ist und sich glatt anfühlt.
Was ist das Spannende am Wasser? Wasser ermöglicht Kindern vielfältige Erfahrungen des eigenen Körpers: Es kann sich weich oder hart, warm, lauwarm oder kalt anfühlen. Es lässt manche Dinge wie Textilien oder Blütenblätter an der Haut haften. Das Erleben des eigenen Körpers und seiner Reaktionen auf Reize ist für Kinder unter 3 Jahren in Bezug auf die Körperwahrnehmung zentral und wichtig. Mit dem Körper als Instrument lernen sie ihre Umwelt kennen. Wasser wird hier zum Lernmaterial, Spielzeug und Messinstrument in einem.

Noch mehr Tropfen:
Regentropfen-Kunst

Material:
- blaue Tusche
- Wasser
- Pipette
- braunes, graues und weißes Papier

Wie sieht das aus, wenn Regen auf Oberflächen tropft? Wir stellen mit den Kindern blaues Wasser her, indem wir Wasser mit blauer Tusche vermischen. Die Kinder nehmen mit einer Pipette das gefärbte Wasser auf und lassen es auf braunes, graues und weißes Papier tropfen, um zu sehen, wie der Regen auf die Erde, auf die Pflastersteine und auf die Fensterscheibe tropft.

Bewegungsideen mit Wasser:
Regentropfen lassen sich nicht fangen, oder doch?

Wasserwerkstatt im Garten: Hier können alle Kinder nach Herzenslust füllen, umgießen, planschen

Material:
- blaue Luftballons
- Fliegenklatschen

Bei einem Spaziergang mit Regenschirmen erzeugen die Tropfen wieder das inzwischen bekannte Trommelgeräusch. Die Beschaffenheit des Wassers macht es den Kindern sehr schwer, einzelne Tropfen zu berühren oder zu fangen. Weil wir wissen, wie gern die Kinder etwas fangen und berühren wollen, stellen wir riesige Tropfen her. Wir pusten blaue Luftballons auf und werfen sie in die Luft. Mit Fliegenklatschen schlagen die Kinder die Ballons immer wieder durch die Luft.

Auge-Hand-Koordination: Warum ist sie so wichtig?

Beim Regentropfen-Fangen wird die Auge-Hand-Koordination geübt. Mit Auge-Hand-Koordination ist die Fähigkeit gemeint, Informationen, die durch das Sehen gewonnen werden, dazu zu benutzen, um Arm-, Hand- oder Fingerbewegungen zu steuern. Die Auge-Hand-Koordination ist später wichtig beim Schreibenlernen, aber sie ist auch Grundlage für viele weitere grob- und feinmotorische Prozesse und Fähigkeiten, angefangen vom Rühren in Tassen und Schüsseln über das Werfen und Fangen bis hin zum Bedienen einer Computermaus.

Wasser im Atelier: Wasserbewegungen malen

Ben sagt beim Malen: „Das Wasser ist blau." Wenn wir Wasser zeichnerisch darstellen wollen, wählen wir meistens die Farbe Blau. Deshalb malen die Kinder am Anfang am Tisch mit unterschiedlichen Stiften in Blautönen. Danach gehen sie an die Staffelei. Jedes Kind bekommt ein großes Blatt Zeichenpapier, blaue Gouachefarbe, einen Becher voll Wasser und einen Borstenpinsel. Dieses Mal können sie großflächig malen, sie wirbeln mit ihren Pinseln nur so umher. Die Farbe auf dem Papier läuft herunter und Greta bemerkt: „Dicke Regentropfen."

Die Kinder gleiten mit einem Schaumstoffroller über ein Blatt stabiles Zeichenpapier mit blauer Farbe, dann öffnen wir ein Fenster und die Kinder halten ihre mit dem Föhn getrockneten Bilder in den Regen. Durch die einzelnen Tropfen entstehen kleine Punkte, die auf dem Papier auseinanderlaufen.

Regen aus den Wolken und aus der Gießkanne: Wasserbewegungen malen wir mit den Kindern im Atelier nach

Material:

- blaue Buntstifte
- blaue flüssige Farbe (Gouache- oder Fingerfarbe)
- Borstenpinsel
- Wasserbecher
- Zeichenpapier (bei uns 190 g/m^2)
- Schaumstoffroller
- blaue Tuschfarbe
- Föhn

Künstlerisches Experiment: Wasser und Öl mischen sich nicht (gern)

Material:

- einige Tropfen Speiseöl
- Farbe
- weißes Zeichenpapier

Die Kinder haben erlebt, wie Farben sich mit Wasser vermischen lassen und dass dabei gefärbtes Wasser herauskommt. Aber Wasser verbindet sich nicht mit allen Flüssigkeiten. Wir füllen eine breite Schüssel mit Wasser und geben ein paar Tropfen Öl darauf. Dann suchen sich die Kinder Farben aus, die sie mithilfe eines Pinsels in das Wasser tropfen lassen. Schon beim Hineintropfen beobachten die Kinder, dass die Farbe und das Öl auf der Wasseroberfläche schwimmen und dabei Muster und Formen entstehen. Diesen Eindruck halten wir fest, indem wir ein Stück weißes Papier vorsichtig auf die Wasseroberfläche legen und so die Muster und Formen abbilden.

Wie Wasser Musik macht:
Wasser trommelt und Tropfen knirschen

Material:
- kleine Trommeln
- weiße Luftballons

Trommeln dienen uns dazu, Wassergeräusche hervorzubringen. Mit den Fingerkuppen pochen die Kinder auf die Trommeloberfläche – mal ganz vorsichtig und leise, wie Nieselregen, und mal ganz fest und laut wie bei einem Gewitterschauer. Dann lassen wir einen großen Regentropfen in Form eines weißen Luftballons von einem Kind zum anderen kullern, dabei nennen wir die Namen der Kinder.

Welches Geräusch macht Regen: Kann das meine Trommel auch?

Schnell selbst gemacht:

Ein Regenmacher in drei Schritten

Regen-Musik: Einen Regenmacher stellen wir mit den Kindern selbst her

Material:

- Nägel
- stabile Pappröhren
- Folie
- Steinchen
- Hologrammfolie
- Hammer
- Klebstoff
- Klebeband

1.

Als Erstes hämmern wir mit den Kindern Nägel versetzt in eine stabile Pappröhre. Unsere Pappröhren stammen von Posterverpackungen und Geschenkpapierrollen. Dabei zeigen uns die Kinder, wo die Nägel hinsollen, und wir schlagen die Nägel hinein.

2.

Danach schließen wir eine Seite der Pappröhre mit Folie und in die andere Seite schütten die Kinder kleine Kieselsteine. Die Kinder entscheiden selbst, wie viele Steinchen hineinsollen, und machen ihre Entscheidung vom Geräusch abhängig, welches die Kieselsteine machen.

3.

Zum Schluss wird die noch offene Seite zugeklebt und der ganze Regenmacher wird von den Kindern mit Schnipseln von selbstklebender Hologrammfolie beklebt.

Der Regenmacher: Ein „magisches" Instrument für die Krippe

Der Regenmacher stammt ursprünglich aus dem Norden Chiles. Sein Ursprung ist das sehr trockene Atacama-Gebiet, wo der Regenmacher erstmals von den Diaguita-Indianern im Elquital gebaut und für Regenzeremonien eingesetzt wurde. Der Regenmacher ist ein Effektinstrument, das ursprünglich ungefähr 25 bis 150 cm lang ist und rund 4 bis 10 cm Durchmesser hat.

Ein Lied fürs Wasser:
Das Wasser ist so hell und klar

Kaum ein Lied beschreibt das Wasser so liebevoll wie dieses Volksliedchen aus dem 19. Jahrhundert. Durch die Gluck-gluck-Verse bieten sich viele Möglichkeiten der klanglichen Begleitung.

Das Wasser ist so hell und klar,
gluck, gluck, gluck, gluck, gluck.
Man trank es schon vor tausend Jahr',
gluck, gluck, gluck, gluck, gluck.
Man trank es schon im Paradies,
falleri, juchheirassa.
Im Durste schmeckt es wundersüß,
falleri juchhei.
Heidiheida, heitralala, falleri, juchheirassa.
Heidiheida, heitralala, falleri, juchhei.

Im Sommer macht es frisch und kühl,
gluck, gluck, gluck, gluck, gluck.
Im Winter gibt's ein warm' Gefühl,
gluck, gluck, gluck, gluck, gluck.
Und immer macht es gutes Blut,
falleri juchheirassa.
Und tut in allen Gliedern gut,
falleri juchhei.
Heidiheida, heitralala, falleri, juchheirassa.
Heidiheida, heitralala, falleri, juchhei.

Ein Glück, dass es nicht trunken macht,
gluck, gluck, gluck, gluck, gluck.
Es ist genossen mit Bedacht,
gluck, gluck, gluck, gluck, gluck.
Gar heilsam für Gesund und Krank,
falleri juchheirassa.
Es ist und bleibt der beste Trank,
falleri juchhei.
Heidiheida, heitralala, falleri, juchheisassa.
Heidiheida, heitralala, falleri, juchhei.

Bewegungslied:
Hände waschen

Ein einfaches und schnell gelerntes Bewegungslied, das auch schon den Krippenkindern Spaß macht, ist „Hände waschen". Die Kinder machen zu den einzelnen Strophen die entsprechenden Bewegungen mit: Hände reiben, Füße reiben, Haare wuscheln usw. Abschließend werden Haare, Hände oder das jeweilige Körperteil „ausgeschüttelt". Erfinden Sie weitere Körperteile mit den Kindern dazu.

Hände waschen, Hände waschen muss ja jedes Kind.
Hände waschen, Hände waschen, bis sie sauber sind.

Nun sind die Hände sauber, ja;
doch leider ist kein Handtuch da!
Drum müssen wir sie schütteln, schütteln,
schütteln, schütteln,
drum müssen wir sie schütteln,
bis sie trocken sind.

Haare waschen, …

Füße waschen, …

Abschluss
im Sitzkreis

Zum Abschluss des Projekts stellen wir mit den Kindern Eis her. Wir mischen Sirup mit Wasser, geben alles in Eisförmchen und lassen es in der Tiefkühltruhe gefrieren. Wir wollten bei dieser Aktion absichtlich keine Fruchtsäfte benutzen, denn es kam uns auf das Wasser an und darauf, wie sich Eis im Mund anfühlt. Im Sitzkreis tauschen sich die Kinder aus: über die Experimente, die Wassertropfenkunst und darüber, wie sich Wassereis im Mund anfühlt.

Unser Wasserprojekt hat gezeigt, dass Kinder schon früh naturwissenschaftliche Erfahrungen machen können. Uns ist es darum gegangen, den Kindern zu ermöglichen, ihren Umgang mit der belebten und unbelebten Natur selbstständig zu bestimmen. Wir haben ihnen nicht die Natur erklärt, sondern sie bei ihren Selbstbildungsprozessen unterstützt.

Durch das Erkunden des Wassers in Experimenten mit unterschiedlichen Materialien haben die Kinder zwei Eigenschaften dieses Elements kennenlernen können:

- Mischbarkeit: Mit einigen Stoffen vermischt sich Wasser, mit anderen nicht.
- Im Wasser schwimmen einige Gegenstände, andere dagegen nicht.

Schmeckt Gelb anders als Orange?
Mit Sirup gefärbtes und gefrorenes Wasser ...

So könnte Ihr Wasser-Projekt weitergehen:

Tropfenkunstwerke zum Anfassen:

Auf Zeichenpapier große Tropfen (15 bis 20 cm Durchmesser) aufzeichnen und ausschneiden. Verschiedene blaue Papiere wie Geschenkpapier oder Krepppapier zerreißen und die Stücke mit Kleister (eventuell auch beidseitig) auf die Tropfen kleben. An dünnen Fäden aufhängen.

Durchsichtige Wasserkunst:

Aus Architektenpapier große Tropfen schneiden und mit hell- und dunkelblauem Transparentpapier bekleben.

Zaubertropfen-Malexperiment:

Die Kinder malen mit weißer Wachsmalkreide (funktioniert nur mit guter Qualität) auf weißem Papier. Dann mit stark verdünnter blauer Tuschfarbe und Borstenpinsel über das Blatt malen: „Tropfen" werden sichtbar.

Wozu Wasser gut ist:

Auf ein Schälchen (ca. 6 cm Durchmesser) ein Wattepad legen und Kressesamen darauf verteilen, es jeden Tag befeuchten.

Wolken malen:

Aus weißem Transparentpapier eine Wolke reißen und mit Stücken von zerrissenem hell- und dunkelblauem Transparentpapier bekleben.

Eine Wasserwerkstatt einrichten:

Ihr Wasserbecken enthält beispielsweise ein Sortiment von Flaschen, Sieben, Dosen, Spritzen, Löffeln, Styropor, Kork, Papier, Steinen und Muscheln, mit dem die Kinder nach Herzenslust schütten, einschenken, umschütten, spritzen, gießen und experimentieren dürfen.

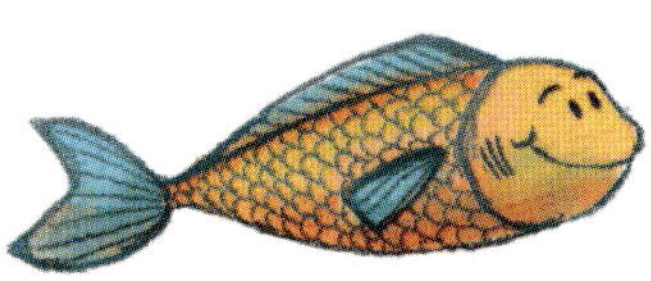

Wie aus unserem Formen-Projekt eine runde Sache wurde

Haben Sie schon einmal bemerkt, dass es viel mehr eckige als runde Dinge gibt? Memorykärtchen sind beispielsweise nicht rund, Waffeln auch nicht (Herzform oder rechteckig). Auch Monitore, Bücher und Regale sind natürlich nicht (oder nur in Ausnahmen) kreis- oder kugelförmig. Dabei ist rund einfach schön und harmonisch. Die Kinder bringen uns auf „runde Ideen", als uns die Eltern Papiersorten, Tortendeckchen, Muffinförmchen und andere runde Papiere schenken. Und plötzlich sehen wir die Welt mit anderen Augen: Gullideckel, Korken und Dosendeckel sind rund, Kreisel, Bälle, Stuhlbeinuntersetzer und – ja, auch die Hühneraugenpflaster aus der Schublade: alles rund. Lesen Sie, mit welch alltäglichen Materialien wir mit den Kindern „rund" begreifen lernen und wie man aus den Hühneraugenpflastern (natürlich runde) Stempel herstellen kann.

Der Anfang: Rund zum Anfassen

Zuerst stellen wir eine Sammlung unterschiedlicher Bälle zusammen: kleine und große Bälle, Bälle mit unterschiedlichen Oberflächen und Härten. Wir beobachten, wie die Kinder mit den Bällen umgehen und ob sie gern damit spielen. Sie nehmen das Angebot mit Vergnügen an, deshalb erweitern wir es um ein Bällebad. Es ist gefüllt mit Bällen in verschiedenen Farben. Hier können die Kinder tauchen und fühlen, sie spüren die Bälle auf der Haut, lassen sich bewerfen und eingraben.

Runde Spuren hinterlassen: **Kreise mit Korken und Stupfpinsel drucken**

Simon stempelt mit einem Korken und Stuhlbeinfilz

Beim Drucken und Stempeln wiederholen die Kinder die Formen unzählige Male und beobachten den Farbverlauf. Die Farbintensität lässt langsam nach, dann müssen sie den Softball oder den Korken wieder in Farbe tauchen. So füllen die Kinder das weiße Papier allmählich mit vielen farbigen gedruckten Kreisen.

Material:

- Korken, Softbälle
- Fingerfarbe
- weißes Papier

Durch das Hantieren, Umgehen, Spielen mit runden Gegenständen lernen die Kinder die runde Form in ihrer Eigenschaft kennen. Mit Korken, Softbällen sowie gelber, roter und blauer Fingerfarbe wollen wir der runden Form einen Ausdruck verleihen und den Kindern die Möglichkeit geben, Kreise zu drucken.

Ab wann beherrschen Kleinstkinder den Pinzettengriff?

Mit einem Jahr beginnt das Kind in der Regel den Pinzettengriff anzuwenden – es kann kleine Gegenstände mit gebeugtem Daumen und Zeigefinger aufnehmen und festhalten. Später, ab etwa 18 Monaten, ist ein Kind dazu in der Lage, den vollständigen Pinzettengriff auszuführen. Kleine Dinge nimmt es nun mit gebeugtem Daumen und Zeigefinger unter Zuhilfenahme der Fingerspitzen auf.

Wozu Markierungspunkte gut sind:
Positiv-Negativ-Druck

Material:
- Markierungspunkte
- Papier, farbiger Tonkarton
- flüssige Farbe
- Schaumstoffroller

Das Rund-Fieber hat uns gepackt. Auch wir Erzieherinnen schauen uns um, wo sich runde Objekte oder Kreise finden lassen. In der Schreibwarenabteilung eines Kaufhauses entdecken wir Blätter mit Markierungspunkten in verschiedenen Farben und Größen. Zurück in der Kita geben wir den Kindern einige Blätter mit den Klebepunkten und weißes Papier. Mit dem Pinzettengriff lösen die Kinder die Punkte ab und kleben sie auf das Papier. Einige lösen auch die Punkte wieder vom Papier und versuchen sie an den Ursprungsplatz zu kleben. So geht es hochkonzentriert eine Weile hin und her. Das bringt uns auf eine Idee: Jedes Kind erhält einen Bogen weißen oder farbigen Tonkarton und kann die

Lukas rollt mit dem Schaumstoffroller über Papierkreise …

Punkte draufkleben. Mit Farbe und einem Schaumstoffroller können sie dann über die Punkte rollen und sie auch wieder abziehen. Was bleibt, wenn der Punkt weg ist? Ein Abdruck ist immer noch da, ein sogenanntes Positiv.

Kreis und Kreis gesellt sich gern:
Ein rundes Aufdeckspiel

Material:
- Blankokärtchen
- Punkte und Kreise aus verschiedenen Papiersorten
- Klebstoff
- Laminiergerät und Laminierfolie

Die Klebepunkte bringen uns auf die Idee, sie für ein selbst gemachtes Memoryspiel zu verwenden. Auf Blankokärtchen kleben die Kinder verschiedene Kreise. Sie nehmen z. B. Klebepunkte, Punkte aus Silberfolie in verschiedenen Farben, rund ausgeschnittenes Moosgummi, kreisförmig ausgeschnittenes Geschenkpapier und geriffelten Karton. Wir laminieren die Karten und legen sie für die Kinder in einen Korb. Die Kinder holen sich gern die von ihnen gestalteten Karten aus dem Korb und suchen sich die passenden Pärchen aus. Es macht den Kindern Freude und unterstützt die Merkfähigkeit der Kinder.

Korkenspur und Schneckenschleim: **Kinder kleben runde Poster**

Material:
- Murmeln und Knöpfe
- Baumscheiben und Korken
- Styroporkugeln und bunte Flauschbälle
- Schneckenhäuser
- Leinwände
- Farbe und Borstenpinsel
- Klebstoff

Murmeln, Knöpfe, Baumscheiben, Korken, Styroporkugeln, Schneckenhäuser, bunte Flauschbälle und vieles mehr – Sie erraten es schon: Alle diese Gegenstände sind rund oder kugelförmig. Um die runden Gegenstände künstlerisch darzustellen, stellen wir den Kindern dreieckige Leinwände, gelbe, orangefarbene, rote, hell- und dunkelgrüne und blaue Tusche sowie Kleister zur Verfügung. Zuerst werden die Leinwände in einer Farbe grundiert. Dann fragen wir die Kinder: „Kennt ihr die Gegenstände?" Rune antwortet: „Das ist grün, das ist ein Ball." Zur Baumscheibe wird gesagt: „Das ist rund", und die Baumscheiben werden auf der Leinwand verteilt. Greta sucht sich die Knöpfe aus und die rote Leinwand: „Pink", kräht sie. Rune beobachtet Greta: „Das ist auch rund", und er zeigt auf die Knöpfe. Lukas und Jakob kleben zusammen die Korken auf. Lukas: „Korken, die auch, runde Korken." Brian jauchzt vor Freude, wenn er den Kleister auf die Leinwand aufträgt. Danach setzt er die Schneckenhäuser in den Kleister. Er wirkt wie der Schleim der Schnecken. Toll!

Schnell selbst gemacht: **Die Kiste mit dem Loch**

Material:
- runde Kunststoffdosen oder -schachteln mit Deckel
- Teppichschneider/Cutter (benutzen nur Erwachsene)
- Materialien zum Hineinstecken

Einige Kunststoffschachteln und -dosen dienen uns als Steckkisten. Wir bringen in den Deckeln unterschiedlich große runde Öffnungen und Schlitze an. Die Kinder verstehen die Spielaufgabe sofort. Und sie legen Regeln fest: So gehören Kastanien und Korken in die runde Öffnung, Gardinenringe und Holzscheiben in den Schlitz und Pompons in die große Öffnung mit einem eingeritzten Kreis. Beim Spiel mit den Steckkisten entsteht oft eine Gruppendynamik. Die Kinder sitzen zusammen und die Kisten werden untereinander getauscht und ausprobiert. Einige Kinder benennen dabei die verschiedenen runden Materialien und erweitern so spielerisch ihren Wortschatz.

Eine etwas andere „Steck-Dose": Alina mit einer unserer selbst gemachten Formfühldosen für Rundes

Runde Spuren:
Stempeln und drucken mit Korken, Filz und Hühneraugenpflastern

Material:
- Korken
- Stuhlbeinfilz/Stuhlbeinunterlegscheiben
- Hühneraugenpflaster
- flüssige Farbe
- Regenbogenpapier

Auch mit Korken, Filz und Hühneraugenpflastern lässt sich in unserem Projekt gut arbeiten: Zuerst zeigen wir den Kindern, wie man aus einem Korken und einer selbstklebenden Scheibe aus Stuhlbeinfilz einen Stempel herstellt, mit dem man große Punkte stempeln kann. Dazu erhält jedes Kind flüssige unverdünnte Farbe und Regenbogenpapier. Sofort ergreifen die Kinder die Korken und stempeln drauflos.
Nachdem wir gesehen haben, wie viel Freude das Stempeln den Kindern bereitet, stellen wir neue Stempel her und zwar diesmal aus Korken und runden Hühneraugenpflastern. Mit einer anderen Farbe und neuem Papier machen sich die Kinder ans Werk.
Das passt auch: Mit Stupfpinseln lassen sich ebenfalls runde Formen aufs Papier aufbringen.

Rundes zum Aufessen:
Donuts aus dem Donutmaker

Etwas Rundes zum Essen, das auch noch richtig lecker schmeckt. Nach Bananen- und Gurkenscheiben steht den Kindern der Sinn auf einen besonderen Genuss. Da wir Scheiben schon kennen, bieten wir ihnen diesmal Ringe an.

Zutaten:
(für etwa 18 Donuts)
- 280 g Mehl
- 1 Päckchen Backpulver
- 130 g Zucker
- 1 Päckchen Vanillezucker
- ¼ l Milch
- 3 Eier
- 5 Esslöffel Öl
- Etwas Puderzucker zum Bestreuen

Zubereitung:
1. Mehl in eine Schüssel sieben und mit dem Backpulver mischen. Zucker, Vanillezucker, Milch, Eier, Öl und Salz beifügen und zu einem glatten Teig verarbeiten.
2. Den Donut-Maker aufheizen und mit etwas Öl einpinseln. Jeweils einen gestrichenen EL Teig in die dafür vorgesehenen Vertiefungen geben. Das Gerät schließen und die Donuts darin in ca. 3 bis 4 Minuten fertig backen. So fortfahren, bis der ganze Teig verbraucht ist.
3. Donuts mit Puderzucker bestreuen.

Tropfenfänger und Papierrosetten: **Drucken und schraffieren mit interessantem Material**

Drucken mit Gelli Plate und einem Farbroller

Material:
- Tassendeckchen
- Tropfenfänger
- Papierförmchen (für Pralinen oder Muffins)
- Wachsmalkreide
- Zeichenpapier, Schreibunterlage
- Gelli Plate (oder andere biegbare und abwaschbare Platten oder Bretter)
- Gouache
- Packpapier
- Walzen und Schaumstoffroller

Tassendeckchen, Tropfenfänger und Papierförmchen für Pralinen und Muffins: Diese Geschenke der Eltern passen perfekt in unser „Rundes Atelier“: Wir legen die Rosetten unter weißes Kopierpapier, fixieren es mit Kreppklebeband und geben den Kindern dunkelblaue Wachsmaler, mit denen sie über das Blatt fahren. (Beim Schraffieren lassen dunkle Farben im Gegensatz zu hellen Stiften die Strukturen besser hervortreten.) Die Muster der Rosetten und Deckchen kommen zum Vorschein. Die Kinder sind erstaunt. Brian ruft: „Mehr!“ Wir dagegen sind erstaunt, wie konzentriert die Kinder bei der Sache sind. Wir bieten ihnen eine weitere künstlerische Technik an: Zuerst legen wir eine große Schreibunterlage als Schutz auf den Boden, dann nehmen wir eine kleine Kunststoffplatte (ein „Gelli Plate“, Druckplatte, Onlinehandel oder Bastelgeschäft, Preis: ab ca. 15,- €) und rollen Farbe (Gouache) mit einer Walze auf diese Platte. Die Kinder schauen zu und beobachten, wie wir das machen. Aus unserer Papiersammlung legen wir Punkte und Tassendeckchen auf die Farbe, anschließend wird Packpapier daraufgelegt. Mit einer sauberen Walze (Tapetenroller, Nudelholz, Schaumstoffroller) rollen wir die saubere Papierseite. Wir ziehen das Papier vorsichtig ab … und erhalten einen schönen Druck. Hier zeigt sich wieder, wie gerne Kinder mit Walzen oder Schaumstoffrollern umgehen. Sie probieren die Drucktechnik mit Vergnügen aus. Es endet damit, dass sie zum Schluss lachend im Raum umherrennen und vor Freude mit ihren Füßen aufstampfen.

Urknäuel oder: Wie malen Krippenkinder?

Beim Malen beobachten wir, dass die meisten Kinder ihre Arme im Kreis, also rund, bewegen und sich auf diese Weise sogenannte Urknäuel, Spiralen und Kreise ergeben. Beim Kreis, überdeckt mit multiplen Linien oder Bündeln vieler übereinanderliegender Kreise, beginnt das Kind meist mit einem Außenkreis. Es legt dann wie eine Spirale weitergezogene Kreise erst nach innen, dann nach außen, wieder nach innen, wieder nach außen, sodass keine weiße Innenfläche mehr zu sehen ist. Die Kreise werden übermalt und stellen schließlich ein Urknäuel dar.

Der Abschluss:
Kunst mit Krippenkindern

Material:

- 20 quadratische kleine Leinwände
- verschiedene Papierkreise
- Wasserfarben
- Borstenpinsel

Das Gemälde „Kreise im Quadrat" mit seinen konzentrischen Kreisen, gemalt von Kandinsky, regt uns zum Nachgestalten an. Die Kinder stellen aus 20 quadratischen Leinwänden und verschieden großen Papierkreisen Kandinskys „Kreise im Quadrat" nach. Hierfür nehmen wir Wasserfarben in Blau, Rot, Orange, Grün, Lila, Rosa und Gelb. Zuerst malen die Kinder ihre Leinwand in einer Farbe an. Danach suchen sie sich aus, wie viele Kreise auf der Leinwand sein sollen. Diese werden auch wieder mit Tusche bemalt, jeder in einer anderen Farbe, und nach dem Trocknen der Größe nach auf die Leinwand geklebt. Alle Leinwände zusammengestellt ergeben dann das Kunstwerk.

Kandinsky lässt grüßen: Unsere Version von „Kreise im Quadrat"

Noch mehr für Damen und Herren der Ringe:
Spiel: Ringe aufspießen

Unterschiedliche elastische Haarringe und Armreifen spießen die Kinder auf einen Holzstab auf, der ursprünglich zu einem Holzturm gehörte. Die Kinder betrachten die Haarringe, prüfen sie auf ihre Elastizität, ziehen sie auseinander, während die Holzreifen sich als unveränderbar erweisen.

Alice und Simon bei einer selbst ausgedachten Spielidee: Ringe aufspießen

So sieht es aus: Unser fertiges Kunstwerk mit Kreisen und Scheiben – angelehnt an Kandinskys „Kreise im Quadrat"

Im Kreis gedacht: **Unser Fazit**

Unser Kreisprojekt ist jetzt abgeschlossen. Wir haben beobachten können, dass die geometrische Form des Kreises für die Kinder viele Anreize gegeben hat. Nie wurde es ihnen langweilig, sich mit der Form und den unterschiedlichen Materialien zu beschäftigen, um daraus etwas Neues entstehen zu lassen. Die Kinder können jetzt den Begriff des Kreises mit der Form verbinden.
Doch wie wir bei fast allen Angeboten haben feststellen können, wären die schönsten Kreise und runden Gegenstände nur halb so ausdrucksstark ohne Farben.

So könnte Ihr Formen-Projekt weitergehen:

Kreise aus tonähnlichem Material:

Modelliermasse mit einer Kinderkuchenrolle platt walzen und mit Gläsern und runden Keksausstechformen Kreise ausstechen. Mit einem Bleistift ein Loch hineinbohren, den Kreis trocknen lassen und aufhängen.

Runde Plätzchen backen:

Aus Mürbeteig ausstechen.

Runde Fühlsäckchen:

Fühlsäckchen mit runden Gegenständen.

Rasselringe:

Durchsichtige Wasserschläuche mit kleinen bunten Perlen füllen und anschließend mit Dübel und Klebeband verschließen. Mit den Rasselringen bewegen sich die Kinder gern hin und her oder sie begleiten kurze Klanggeschichten oder Tanzlieder damit.

Farbige Kreise am Fenster:

Aus Tonkarton Ringe schneiden und die Innenflächen mit farbigem Transparentpapier bekleben, die Ringe am Fenster so befestigen, dass sie sich überlappen und neue Farbeindrücke einstehen.

Wie der Herbst die Natur in unsere Krabbelgruppe bringt

Es ist wie in ganz alter Zeit: Im Herbst erwacht die Sammelleidenschaft. Von unseren Herbstspaziergängen bringen die Kinder Kastanien, Eicheln, Bucheckern, Hagebutten und Nüsse mit in die Kita. Die Fülle der Natur nehmen die Kinder sehr aufmerksam wahr. Dazu freuen sie sich über Raschelblätter und wirbeln Herbstlaub mit ihren Füßen durch die Luft. So viel Begeisterung für die Gaben der Natur? Wir lassen ein Naturmaterialien-Herbst-Projekt daraus entstehen. Die Eltern liefern noch mehr herbstliche Genüsse und Materialien bei uns ab, auch kleine Baum- und Astscheiben sind als Überraschung dabei. Bei unserem Projekt stehen neben Sortieren und Farbenlernen auch die Wortschatzerweiterung sowie das logische Ordnen im Vordergrund – denn all diese Dinge sind mithilfe der Gaben des Herbstes möglich.

Der Anfang:
Herbst in der Kita

Zuerst informieren wir die Eltern über unser Vorhaben. Das ist nicht nur für die Eltern von Interesse, sondern auch für uns selbst sehr nützlich, da wir vieles geschenkt bekommen, was wir für unser Projekt gut gebrauchen können. Ein Vater sägt Baumscheiben für uns, schmirgelt und poliert sie; die Scheiben stehen dann in einem Korb für das Projekt bereit und bis heute spielen alle Kinder gerne mit ihnen. Auch Obst und Nüsse werden gespendet.
Bevor wir mit den Kindern in der näheren Umgebung Nüsse und Blätter sammeln, schauen wir uns erst einmal auf dem Kitagelände um, ob es hier auch schon Material gibt, das wir für unser Projekt verarbeiten können.
Wir statten die Kinder mit Tüten aus und begeben uns auf die Suche. Die Kinder finden Herbstblätter, kleine Stöcke, Steine und ein herabgefallenes leeres Vogelnest. Für den Anfang steht uns damit nun schon eine ganze Reihe von Materialien zur Verfügung.

Wir spielen Herbst:
Kann man Herbstblätter selber machen?

Material:
- gepresste Herbstblätter
- Architektenpapier
- Wachsmalkreide
- Kreppklebeband

Blätteradern sichtbar machen auf unserem Riesenleuchttisch

Nachdem wir die gesammelten Herbstblätter getrocknet und gepresst haben, beschäftigen wir uns ausgiebig mit diesem reizvollen Material. Wir legen die Blätter auf den Leuchttisch, betrachten mit den Kindern die warmen Farben und die sonderbaren Strukturen. Sehr schnell entwickeln die Kinder eigene Ideen, was sich mit dem Herbstlaub anstellen lässt: Sie schieben die Blätter übereinander, zerbröseln sie und schalten das Licht an und aus. Wir legen gepresste Herbstblätter auf Architektenpapier und fixieren es mit Kreppklebeband. Die Kinder suchen sich dicke Wachsmalkreiden aus und malen mit Druck über das Papier. Bei diesem Verfahren zeichnen sich die Umrisse und Strukturen der Blätter ab. Anschließend schmücken wir unsere Fenster mit den transparenten Bildern.

Was der Herbst uns schenkt:
Schätze fühlen und sortieren

Material:
- Tablett
- Herbstfrüchte
- Fühlbeutel
- Behälter

Im Stuhlkreis legen wir unsere gesammelte Beute auf ein Tablett: Verschiedene Nüsse, Eicheln und Bucheckern haben die Kinder von draußen mitgebracht. Wir sammeln alles in einen Stoffbeutel und lassen die Kinder reihum hineinfassen. Manchmal holen die Kinder einige Teile heraus, um sie genauer zu betrachten. Die Walnüsse mit ihren geriffelten Schalen fühlen sich anders an als die Eicheln mit ihren glatten Oberflächen oder die Bucheckern mit ihren scharfen Kanten.

Dann schütten wir alle Herbstfrüchte auf ein Tablett und stellen drei Behältnisse bereit, in die die Kinder mit unserer Hilfe die Nüsse, Eicheln und Bucheckern sortieren können. Aber noch mehr Spaß als das Sortieren bereitet es den Kindern, mit den Händen in den vollen Kästen zu wühlen.

Schnelles, einfaches Fingerspiel:
Fünf Kastanien

Fünf Kastanien wachsen am Baum,
(mit den Fingern der linken Hand wackeln)

dick und groß und rund und braun.
(mit dem Zeigefinger der linken Hand an jede Fingerspitze tippen)

Der Wind beginnt zu toben,
(gegen die Finger pusten)

die Kastanien fallen zu Boden.
(Finger „fallen" lassen)

Die Erde deckt sie zu.
(mit der rechten Hand die linke bedecken)

Doch wächst daraus im Nu
(ein Finger der linken Hand schiebt sich durch die der rechten)

ein neuer Baum geschwind.
(Arm heben)

Da freut sich jedes Kind!
(jubeln und klatschen)

Schatzsammler bei der Arbeit: gesucht werden Kastanien und Eicheln

Warum Walnüsse bunt sein können:
Die Pralinenschachtel als Spiel- und Lernobjekt

Brian ordnet bunt angemalte Walnüsse in eine Pralinenschachtel: Das Hineindrücken macht einfach so viel Spaß!

Material:

- Walnüsse
- rote und blaue Fingerfarbe
- Innenteil einer Pralinenschachtel
- rotes und blaues Papier

Inzwischen sind immer mehr Walnüsse bei uns angekommen. Warum nicht einige bemalen? Wir stellen eine Schale mit Nüssen auf den Tisch und stellen den Kindern blaue und rote Fingerfarbe sowie Borstenpinsel zur Verfügung. Die Kinder gehen mit Händen und Pinseln ans Werk. Am nächsten Tag, als die Farbe getrocknet ist, stellen wir den Kindern eine Aufgabe: Sie dürfen die Nüsse in das Gehäuse einer Pralinenschachtel einordnen. Weil einigen Kindern das Einfüllen in die Vertiefungen so viel Freude bereitet, denken wir uns eine neue Möglichkeit des Einordnens aus: Wir legen in die Vertiefungen rotes und blaues rundes Papier, nun können die Kinder die bemalten Walnüsse in die jeweilige farblich passende Vertiefung legen.

Eine Mini-Klanggeschichte mit Kastanien
Klackdiklack!

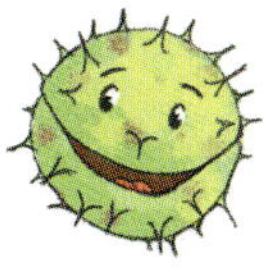

Für diese Klanggeschichte füllen die Kinder einfach Kastanien in Papp- oder Kunststoffschachteln mit Deckel, verschließen die Schachteln – und rappeln ganz laut zu dieser Reimklanggeschichte.

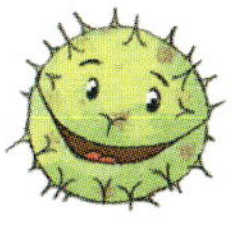

Klackdiklack, es klackert und klackt,
Kastanien fallen vom Baum zack, zack.
(laut rasseln und rappeln)

Im Herbstwind kullern sie hin und her,
im Herbstwind rollen sie kreuz und quer.
(die Schachteln sanft hin und her bewegen)

Doch dann ist es still, der Herbstwind ist weg,
die Kastanien sind still in ihrem Versteck.
(Stille)

Klackdiklack, es klackert und klackt,
die nächsten Kastanien fallen herab.
(laut rasseln und rappeln)

Bilder vom Herbst:
Kastanien-Eindrücke künstlerisch verarbeiten

Sehen aus wie echt: unsere Kastanien mit Stupfpinseltechnik

Material:

- Kastanien
- weiße, rote, gelbe und blaue Fingerfarbe
- Stupfpinsel (30 mm und 13 mm)
- Malpapier

Staunen Sie auch immer über die rotbraune Glanzfarbe der Rosskastanien? So einen braunen Farbton wollen wir mit den Kindern selbst mischen. Auf einer Palette erhalten die Kinder Fingerfarben in den Tönen Rot, Gelb und Blau. Mit einem Pinsel verrühren die Kinder die Farben, bis sich ein brauner Farbton ergibt. Mit einem Stupfpinsel (30 mm) tragen die Kinder die braune Farbe auf Papier auf. Das Weiße der Kastanien können die Kinder mit weißer Farbe und einem Stupfpinsel (13 mm) in die braune Fläche stempeln.

Hier entstehen Fast-echt-Kastanien: mit einem Stupfpinsel zuerst Braun, dann Weiß auftupfen

Im Herbst planschen:
Die Kastanien-Badewanne

Inzwischen haben wir so viele Kastanien gesammelt, dass wir damit einen großen Korb füllen können. Dort setzen sich die Kinder gerne hinein – oft auch mehrere zugleich – und wühlen mit Wonne in den Kastanien herum. Daraufhin geben wir ihnen verschiedene Gefäße wie z. B. Schalen, einen Kunststoffmessbecher und Sandspielzeug und nun legen die Kinder richtig los, befüllen die Behälter und schütten die Herbstfrüchte hin und her. Es ist wie in einer Badewanne!

Ein Kastanienbad – und was es mit der Intelligenz zu tun hat

Im Kastanienbad können die Kinder nicht nur die Kastanien in ihrer Beschaffenheit näher betrachten und befühlen, sondern es wird auch der kinästhetische Sinn angeregt, d. h. die Tiefensensibilität oder propriozeptive Wahrnehmung: Kraftsinn (Wahrnehmungen bezüglich des Spannungszustandes der Muskeln), Lagesinn (in welcher Position befindet sich mein Körper?), Bewegungssinn (Empfinden von Bewegung), Gleichgewichtssinn und taktile Wahrnehmung: Alle diese ineinandergreifenden Sinnessysteme (und noch weitere wie Seh-, Hör- und Riechsinn) spricht das Bad im Kastanienzuber an. Das häufige Anregen gleich mehrerer Sinne ist nachweislich ein Motor für die Gehirn- und damit auch für die Intelligenzentwicklung.

In Kastanien kann man baden – oder man ordnet die Kastanien in Spielzeug ein

Leo testet: Welcher Apfel ist schwerer?

Grün, Gelb, Rot:
Apfelsorten kennenlernen

An einem Tag bieten wir den Kindern, statt des üblichen Tellers mit verschiedenen Obstsorten, Äpfel unterschiedlicher Sorten an. Bevor wir sie aufschneiden, um sie dann zu essen, beschäftigen wir uns mit diesen Früchten. Mit den Kindern betrachten wir die Farben und Formen und fordern die Kinder auf, einen Apfel am Stängel anzufassen, um sein Gewicht zu spüren. Zum Schluss schneiden wir die Äpfel auf und schauen uns das Gehäuse mit den kleinen, fast schwarzen Kernen an. Jetzt wollen die Kinder die Äpfel endlich auch probieren, einige schneiden schon kleine Stücke selbstständig ab und den meisten schmeckt das Obst.

Immer wieder schön: Apfel-Lied
„In meinem kleinen Apfel"

In meinem kleinen Apfel,
da sieht es lustig aus:
Es sind darin fünf Stübchen,
grad wie in einem Haus.

In jedem Stübchen wohnen
zwei Kernchen schwarz und fein,
die liegen drin und träumen
vom lieben Sonnenschein.

Sie träumen auch noch weiter
gar einen schönen Traum,
wie sie einst werden hängen
am schönen Weihnachtsbaum.

Der Herbst an unserer Wand:
Ein künstlerischer Abschluss mit den Eltern

Material:
- große Leinwand
- ockerfarbene Gouache
- Schaumstoffroller
- Naturmaterialien
- Kleister

Wenn Eltern und Kinder gemeinsam ein Bild malen, dann wird es laut und lustig. Am Ende unseres Projekts ist auch der Herbst vorbei. Wir laden die Eltern zu einem Eltern-Kinder-Nachmittag ein. Eine Gemeinschaftscollage auf einer großen Leinwand entsteht: Zuerst färben die Kinder mit Schaumstoffrollern und ockerfarbener Gouache die Leinwand ein. Die Eltern staunen, wie geschickt die Kinder hier vorgehen, denn den Schaumstoffroller kennen die Kinder ja aus vielen unserer Gestaltungsaktionen. Nach dem Trocknen tragen die Kinder und Eltern Kleister auf und legen dann viele Objekte wie Blätter, kleine Stöcke, Bucheckern und Hagebutten auf die Leinwand. Die Eltern sind begeistert, wie einfach man mit nicht kommerziellen und nicht vorgefertigten Materialen Kunstobjekte gestalten kann.

So könnte Ihr Naturprojekt weitergehen:

Kunst in Braun:

Aus naturfarbenen Materialien wie z. B. Packpapier, Lederresten, Stoffresten, ungesponnener Wolle und grobem Gewebe (z. B. Jutesack) eine Materialcollage herstellen.

Herbst-Fühlbeutel:

In einen Fühlbeutel Naturmaterialien füllen, die sehr unterschiedliche Oberflächen haben, wie Tannenzapfen, Kastanien, Eicheln, Walnüsse und Schneckengehäuse.

Federleichte Bilder:

Stabile große Federn unter ein Blatt legen und in Frottagetechnik bearbeiten (siehe Herbstblätter).

Geschenkpapier in Kastanientechnik:

In einen großen Kunststoffbehälter ein Blatt Packpapier legen, Fingerfarben im gewünschten Farbton hinzufügen und einige Kastanien hineinlegen. Die Kinder kippen und schwenken den Kasten – die Kastanien rollen hin und her und hinterlassen Farbspuren auf dem Papier.

Adventszeit– Die letzten Wochen des Jahres

Kerzenlicht, Gemütlichkeit, Plätzchenduft, Weihnachtslieder und Glöckchenklingeln, die ersten Schneeflocken, Glitzer, Basteln und Geschenke: Das alles gehört für uns Erwachsene zum Advent und zur Weihnachtszeit. Und genau das möchten wir gerne für die Krippenkinder erlebbar machen.

Mit wenig Geld, geringem Materialaufwand und guten Ideen lässt sich die Adventszeit in eine ganz besondere Zeit im Jahr verwandeln. Da wandern Weihnachtskugeln schon mal in ein Muffinblech, denn dort passen sie genau hinein und lassen sich sogar nach Farben sortieren. Schneeflockenschüttelbilder entstehen aus Wattepads und Schnipseln und verschönern gemeinsam mit unseren selbst entworfenen 2-D-Weihnachtskugeln die Fenster im Gruppenraum.

Der Anfang: Kerzenlicht selbst gemacht

Selbst gemachte Kerze aus Kleinstkinderhand: Tara befestigt aus Wachs ausgestochene Formen auf ihrer Kerze

Material:

- weiße Stabkerzen
- Wachsplatten
- Ausstechformen für Knetmasse

Es leuchtet warm, es schimmert und es verwandelt auch den dunkelsten Gruppenraum in eine kleine Wohlfühloase: Kerzenlicht ist etwas ganz Besonderes. Den Kindern gefällt die beruhigende Atmosphäre, die das Kerzenlicht hervorruft. Uns ist klar, dass selbst eine kleine Flamme wie die eines Teelichtchens Risiken birgt. Aber keine LED-Laterne kann den Zauber des Kerzenlichts nachempfinden.

Auch das weiche Kerzenwachs ist für die Kinder eine Attraktion. Wachs bietet die Möglichkeit vielfältiger taktiler Erfahrungen. Trotzdem ist es bei Weitem nicht nur eine „weihnachtliche Knetmasse".

Wir besorgen weiße Stabkerzen und Wachsplatten. Mit kleinen Ausstechformen stechen die Kinder Motive aus der Wachsplatte und drücken sie auf die Kerzen – ein schönes Geschenk für unsere Eltern.

Buntes Kerzenlicht: Wie man das Licht färbt

Material:

- Teelichtbehälter aus Glas (ersatzweise Einmachgläser)
- bunte transparente Steinchen
- Klebstoff

Die Kinder bekleben Teelichtbehälter aus Glas mit bunten Steinchen in verschiedenen Größen. Das flackernde Kerzenlicht bricht sich in den Farben der Steine und wirft dadurch bunte Strahlen, die das Glas dann umgeben.

Kerzen, Lichter und Sterne: Sternenhimmel am Fenster

Material:

- Transparentpapier
- Klebstoff
- Klebestreifen

Die Kinder falten quadratisches Transparentpapier zu Dreiecken. Diese Dreiecke kleben sie mit Klebstoff zu Sternen zusammen. An der Fensterscheibe befestigt, verändern sich die Farben durch das einfallende Sonnenlicht. „Das leuchtet!", freut sich Leon. Die Kinder betrachten ihren „Sternenhimmel an der Fensterscheibe" gern bei unterschiedlichen Licht- und Wetterverhältnissen.

Trompe-l'œil am Fenster:
Runde Zauberscheiben

Das funkelt und bewegt sich wie echte Weihnachtskugeln: Diese ineinandergesteckten Kreise haben die Krippenkinder selbst beklebt

Material:
- Fotokarton
- Glitzerpulver und Glitzersteine
- Klebesterne
- Faden oder Schnur
- Schere
- flüssiger Klebstoff

Kleine Augenverwirrer gefällig? Unsere Zauberscheiben sehen aus wie Kugeln, wenn sie sich im Luftzug bewegen. Zweidimensionale Weihnachtsbaumkugeln stellen die Kinder ganz schnell und einfach selbst her.

Aus dem Fotokarton schneiden wir mit den älteren Krippenkindern Kreise aus. Die Kreise schneiden wir an einer Stelle bis zum Mittelpunkt ein. Die Kinder bekleben immer zwei runde Scheiben mit unterschiedlichen Strukturen und Motiven mit Glitzer und kleinen Sternen. Zusammengesteckt und mit Faden versehen hängen sie vorm Fenster und wirken, wenn sie sich im Luftzug bewegen, wie kleine Kugeln. Am Ende der Advents- und Kitazeit des Jahres dürfen die Kinder ihre „Kugeln" mit nach Hause nehmen und den heimischen Weihnachtsbaum oder ein Fenster damit schmücken.

Schere und Klebstoff: Erste Werkzeuge für die Feinmotorik

Bei allen Kreativangeboten können die Kinder erste Erfahrungen mit Schere und Kleber machen: Wie muss ich die Klebeflasche halten, damit der Kleber herausfließen kann? Wo streue ich den Glitzer auf, damit er nicht wieder herunterfällt? Wie muss ich die Schere halten, damit ich schneiden kann? Wir geben den Kindern die Möglichkeit, alles auszuprobieren, und unterstützen sie nur wenn nötig bei der Handhabung. Diese selbst gemachten Erfahrungen sind nicht durch Anleitungen von Erwachsenen zu ersetzen und auch für jüngere Kinder schon wichtig. Das frühe Hantierendürfen mit unterschiedlichen Materialien und Werkzeugen macht intelligent, denn Wissenschaftler haben herausgefunden, dass dadurch die Gehirntätigkeit angeregt wird.

Bei uns schneit es immer:
Schüttelbilder zur Weihnachtszeit

So sieht Schnee aus: Diese Schneebilder kann man sogar schütteln, damit sich die Flocken bewegen

Material:
- Architektenpapier
- Tacker
- weiße ausgestanzte Schneeflocken
- Schaumstoff
- Folie
- Wattepads

Aus Architektenpapier (oder einem anderen durchsichtigen Papier) stellen die Kinder Schüttelbilder her. Die Kinder falten einen DIN-A4-Bogen in der Mitte zu einem DIN-A5-Bogen (Schulheftgröße) zusammen. An zwei Seiten heften die Kinder mit unserer Hilfe den Faltbogen zu. Nun gibt es nur noch eine Öffnung, in die die Kinder „Schneeflocken" füllen können: Das sind ausgestanzte Schneeflocken und die dazu passende Negativform, Wattepads, zerrissenes Papier, Schaumstoff und Folie. Die Kinder sind eifrig bei der Sache. Tara kommentiert: „Flocke, schütteln." Ben schüttelt die Tüte, dabei fallen die Materialien wieder heraus. Ben steckt seine Schneeflocken wieder hinein … bis zum nächsten Schneefall.

Füllung für die Schüttelbilder: Schneeflocken, Kristalle und Wattekreise

Glöckchen-Lied:
Kling, Glöckchen

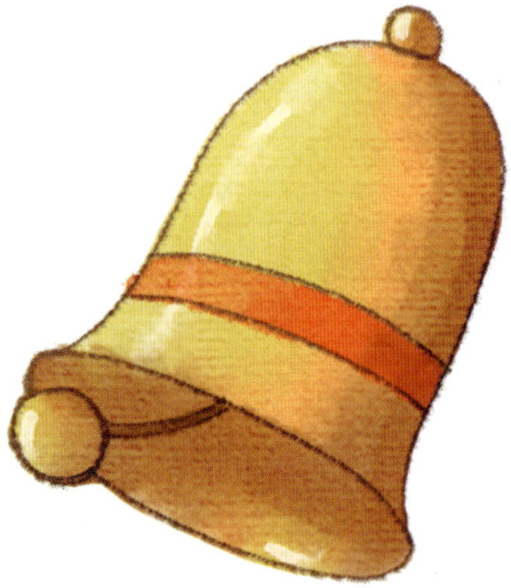

In die Vorweihnachtszeit gehören natürlich auch Weihnachtslieder. Wir haben unsere Lieder so ausgewählt, dass die Kinder sie mit Klanginstrumenten begleiten können: Das Lied „Kling, Glöckchen" begleiten die Kinder zum Beispiel mit kleinen Glöckchen, die wir ihnen in den Adventskalender gesteckt haben. Die Kinder sind begeistert und schütteln die Glocken ganz eifrig. Auch selbst hergestellte Rasseln aus Holzstäben und Walnüssen, große Glocken in verschiedenen Tonhöhen und sogenannte Boomwhackers kommen zum Einsatz und die Kinder sind neugierig, weitere Weihnachtslieder kennenzulernen.

Kling, Glöckchen, klingelingeling,
kling, Glöckchen, kling!
Lasst mich ein, ihr Kinder,
ist so kalt der Winter,
öffnet mir die Türen,
lasst mich nicht erfrieren.
Kling, Glöckchen, klingelingeling,
kling, Glöckchen, kling!

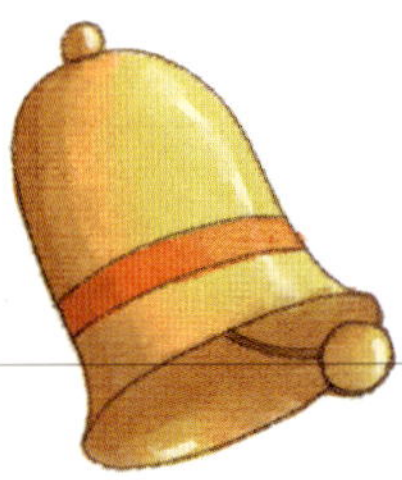

Kling, Glöckchen, klingelingeling,
kling, Glöckchen, kling!
Mädchen hört und Bübchen,
macht mir auf das Stübchen,
bring' euch milde Gaben,
sollt euch dran erlaben.
Kling, Glöckchen, klingelingeling,
kling, Glöckchen, kling!

Kling, Glöckchen, klingelingeling,
kling, Glöckchen, kling!
Hell erglühn die Kerzen,
öffnet mir die Herzen,
will drin wohnen fröhlich,
frommes Kind, wie selig.
Kling, Glöckchen, klingelingeling,
kling, Glöckchen, kling!

Sozialkompetenz und Aufmerksamkeit durch Klang(geschichten)

Geräusche erzeugen zu können, ist für Kinder eine Erfahrung der Selbstwirksamkeit. Mit Klängen Lieder zu begleiten ist ein weiterer Schritt in Richtung Musikerziehung. Bei der klanglichen Begleitung von Geschichten oder Texten lernen die Kinder, ihr Instrument zu einem bestimmten Zeitpunkt erklingen bzw. verstummen zu lassen. Zudem werden ihre Konzentration und der auditive Sinn beansprucht. Das gemeinsame instrumentale Spiel ist auch ohne soziale Kompetenzen wie das Aufeinanderhören, das gleichzeitige Spielen, Abwarten, bis man wieder an der Reihe ist, oder das Instrumentetauschen nicht möglich.

Weihnachtsplätzchen für kleine Hände: **Schneeflocken backen**

Die Kinder sind beim Backen immer hochmotiviert und so zwicken wir vom Mürbeteig kleine Teigkugeln ab, die wir auf mit Backpapier belegten Blechen etwas flachdrücken. Ältere Krippenkinder stechen auch kleine Sterne und Kreise aus. Nach dem Backen und Auskühlen bestäuben wir die „Schneeflöckchen" noch mit Puderzucker und lassen uns die Plätzchen im Sitzkreis schmecken.

Zutaten:
- 250 g Butter oder Margarine
- 90 g Zucker
- 1 Päckchen Vanillezucker
- 1 Ei
- 250 g Mehl

Butter schaumig rühren und den Zucker und das Ei dazugeben. Das gesiebte Mehl nach und nach darunterrühren. Den Teig zum Schluss kneten und kalt stellen. Kleine Kugeln formen. Bei 175 °C ca. 10–12 Minuten backen.

Mit Bändern und Kreisen:
Weihnachtsschmuck für den Gruppenraum

Material:

- Malpapier
- Weihnachtsbänder
  in einem großen Glas oder einer Vase
- Klebstoff und Schere
- weißer und silberner Fotokarton
- große runde Schüssel zum Umranden

In unserer Gruppe gibt es ein großes Glas, in dem wir Reste von Weihnachtsgeschenkbändern sammeln. Die Kinder nehmen sich Bänder aus dem Glas, die sie auf ihre Malblätter (DIN A4) kleben; sie wählen dazu verschiedene Muster und Farben. Sobald das Blatt vollgeklebt ist oder das Kind keine Lust mehr hat, stellen wir eine große (Durchmesser ca. 15 cm), runde Schüssel auf einen Bogen silbernen Fotokarton (auch DIN A4, wichtig!) und umranden das Gefäß mit einem Bleistift. Als die Kinder das beobachten, möchten sie es auch selbst machen. Sie nehmen die Schale ab und es ist ein Kreis zu sehen. Wir schneiden entlang der Bleistiftlinie und erhalten ein silbernes Blatt mit einem großen kreisförmigen Loch darin. Das wird der Rahmen für unsere Bändercollage: Die Rückseite des Tonkartons bestreichen die Kinder mit Klebstoff, dann kleben sie beide Blätter zusammen – und fertig ist ein tolles Kunstwerk mit rundem Fenster.

So einfach geht Kunst im Advent:
Geschenkbänder auf Papier aufkleben und einen runden Weihnachtskugelrahmen aufkleben

Weihnachtsanhänger kneten:
Baumschmuck aus Modelliermasse

Material:

- weiße Modelliermasse
- Ausstechformen
- Kuchenrollen für Kinder
- kleine Glitzerfiguren
- Glitzerpulver
- Zahnstocher

Aus selbsthärtender Modelliermasse und etwas Glitzer entsteht unser Baumschmuck

Als wir gerade unsere Basteltischdecke auflegen und das Modelliermaterial auf den Tisch stellen, kommen Jonas, Brian, Ella, Ben und Jacob angelaufen und geben uns zu verstehen, dass sie mit den Werkzeugen und Materialien gern sofort etwas anstellen wollen. Wir zeigen ihnen die weiße Modelliermasse, Streuglitzer, kleine Styroporkugeln und als Werkzeuge Kinderkuchenrollen und runde Ausstechformen für Kekse in unterschiedlichen Größen. Hier ist vieles interessant für die Kinder. Ben nimmt sich eine Ausstechform und steckt sie über die kleine Kuchenrolle. Jonas versucht, eine Form auf die Rolle zu legen. Als wir die Modelliermasse verteilen, walzen sie sie platt, aber Ella zerreißt sie immer wieder in kleine Stücke. Als Ben es geschafft hat, mit der Form einen Kreis auszustechen, fügt er ihn wieder in das ausgestanzte Loch der platt gewalzten Modelliermasse ein. So geht es eine Weile hin und her. Jedes Kind geht anders mit den angebotenen Materialien um. Sie probieren aus, was man damit alles machen kann. Nachdem sie dann doch einige „Kreise" ausgestochen haben, können sie diese mit kleinen Kugeln und glänzendem Streuglitzer verzieren. Die winzigen Glitzerfiguren – kleine Tannenbäume, klitzekleine Hirsche oder grün glänzende Weihnachtsbäume – reizen die Kinder. Mit dem Pinzettengriff fassen sie diese kleinen Dinge an und drücken sie auf den ausgestochenen Kreis. Zum Schluss streuen sie noch Glitzer darüber. Wir stechen mit Zahnstochern ein Loch in jeden Anhänger und lassen sie trocken, um damit später unseren Gruppenraum zu schmücken. Auf diese Weise können sich die Kinder beim Anblick ihrer Kreise daran erinnern, welche Freude ihnen dieses kleine Projekt bereitet hat.

Ein uraltes Weihnachtsgebäck kennenlernen:
Lebkuchenfamilien in den letzten Kitatagen des Jahres

Lebkuchen kennen unsere Krippenkinder bisher nur aus Märchen. Das möchten wir gern ändern. Weil den Kindern das Ausstechen (bei den Weihnachtsbaumanhängern) so viel Freude gemacht hat, dürfen sie sich auch diesmal wieder darauf freuen. Bei den Lebkuchen kommen als Ausstechformen allerdings Männchen in verschiedenen Größen zum Einsatz. Wir stellen damit kleine Lebkuchenmännchen her, aber auch eine Familie – Vater, Mutter und zwei Kinder. Am letzten Tag vor den Weihnachtsferien knabbern alle gemütlich die Lebkuchen und wir Erzieherinnen lassen die letzten Tage noch einmal Revue passieren.

Zutaten für den Teig:
- 3 Eigelb
- 3 Esslöffel Milch
- 80 g weiche Butter
- 200 g Honig
- 225 g Zucker
- 600 g Mehl
- 3 gestrichene TL Backpulver
- 2 EL Kakaopulver
- 1 Päckchen Lebkuchengewürz

Zum Verzieren:
- Zitronensaft
- Puderzucker
- Mandeln
- Zuckerstreusel
- Schokolinsen

Eigelb, Milch, Butter, Honig und Zucker schaumig rühren. Die restlichen Zutaten erst mischen, dann in kleinen Mengen zugeben und unterkneten. Teig auf einem Backblech ausrollen und bei 200 °C (Ober- und Unterhitze) ca. 15–25 Minuten backen. Auskühlen lassen und dann Figuren ausstechen. Etwas Zitronensaft mit 1–2 Päckchen Puderzucker zu einem Zuckerguss verrühren und die Masse zum Aufkleben von Zuckerstreuseln, Schokolinsen, Mandeln usw. verwenden.

Viele Köche machen den besten Brei: Teig kneten macht allen Spaß

Ein Stampf- und Mitmachgedicht für den Nikolaus
Holterdipolter, es rappelt im Haus!

Holterdipolter, es rappelt im Haus,
ist das schon der Nikolaus?
(mit den Füßen auf dem Boden stampfen und trampeln)

Er stampft die Treppe hinauf mit Gepäck,
hat Nüsse dabei, Früchte, Gebäck.
(stampfen und dabei schnaufen)

Er klopft an die Tür, ruft freundlich „Hallo!",
wir lassen ihn ein, denn wir freuen uns so.
(in der Luft klopfen, hallo rufen und winken)

So könnte Ihr Adventsprojekt weitergehen:

Farben und Formen sortieren:

Kleine Weihnachtskugeln in die Öffnungen von Muffinblechen sortieren.

Weihnachtskugeln wurden von den Kindern in ein Muffinblech einsortiert: Formen begreifen im Advent

Last-Minute-Baumschmuck:

Bierdeckel mit zerrissenem Weihnachtspapier bekleben, mit einem Locher eine Öffnung hineinknipsen und Weihnachtsbänder durchziehen.

Weben und Knüpfen:

Weihnachtsbänder in einen selbst gebauten Webrahmen (z. B. aus Pappe) einflechten.

Sternchen zum Aufhängen:

Mit Keksausstechformen Sterne aus Modelliermasse ausstechen, trocknen lassen und bemalen oder bekleben.

Die allererste Erfahrung mit Kälte, Eis und Schnee

Erinnern Sie sich noch an Ihren ersten Schnee? Fast alle Kinder unserer Gruppe haben Schnee noch nie gesehen oder können sich vom letzten Winter nicht mehr daran erinnern. Dabei erregt das Naturphänomen bei den Kindern großes Interesse; das erkennen wir vor allem an den platt gedrückten Nasen an den Fensterscheiben.
Bei diesem Schneeprojekt legen wir den Fokus vor allem auf das taktile Erfahren von (echtem und nicht ganz so echtem) Schnee. Die weiße Pracht vor der Haustür laden wir wegen der extrem kalten Außentemperatur in unsere Badewanne und später in den Gruppenraum ein. Hier machen die Kinder selbst Erfahrungen mit kalt und warm, weich und hart, glatt und rau: Erfahrungen, die sie in Anfassbildern später umsetzen. Schnee als Knetmasse – bei uns wird es möglich.

Der Anfang:
Schnee in der Badewanne

Wenn es draußen für die Kleinen zu kalt ist, holen wir uns „Schnee-Knete" in den Gruppenraum

Da die Temperaturen zu niedrig sind, um sich mit den Kleinstkindern längere Zeit im Freien aufzuhalten, schaufeln wir Schnee aus dem Garten in eine Wanne und stellen diese in den Waschraum. Die Kinder holen sich Geschirr aus der Puppenecke zum Schaufeln und Umgraben der kalten Masse oder versuchen, mit den Händen Kugeln oder Berge zu formen. Durch die angenehme Umgebungstemperatur halten sie sich sehr lange bei dieser Aktivität auf und lassen sich auch durch die kälter werdenden Hände nicht stören. Die Kinder lernen durch Erfahrung, was kalt und heiß ist. Wir sind erstaunt, wie lange sich der Schnee hält, ohne zu schmelzen.

Experimente mit Aggregatzuständen:
Wasser, Schnee und Eis erfahren

Material:
- Schnee
- Eiswürfelbehälter

Physikalische Erfahrungen mit Wasser, Eis und Schnee können die Kinder durch Experimente mit einer Schüssel Schnee im Gruppenraum selbst machen. Dazu stellen wir den Kindern Eiswürfelbehälter und Messbecher zur Verfügung. Henriette füllt Schnee in die Eiswürfelbehälter. Die anderen Kinder machen es ihr nach. „Schnee!", beschreibt Ida. „Welche Farbe hat der Schnee?", fragen wir. „Schnee immer weiß." Den inzwischen geschmolzenen Schnee, also Wasser, füllen die Kinder in die Eiswürfelbehälter. Einen Tag später holen wir die befüllen Behälter aus dem Eisfach und schauen sie uns genau an. Was ist passiert? „Aus Schnee Eis", erklärt Jonah. „Ganz kalt", ergänzt Josephine.

Schnee passt auch in Eiswürfelförmchen: Wie er nach dem Einfrieren wohl aussehen wird?

Schneeball-Bilder:
Schnee aus weißem Krepppapier

In der Natur haben die Kinder probiert, aus dem Schnee Schneebälle zu formen. Aus weißen Krepppapierstückchen knüddeln wir eine Art Schneebälle, die die Kinder auf schwarzen, blauen oder hellblauen Tonkarton aufkleben können.

Material:

- weißes Krepppapier
- farbiger Tonkarton
- Klebstoff

Schnee, der nicht schmilzt: Schneekugeln formen die Kinder aus weißem Krepppapier nach

Den Schneemann kennenlernen:
Schneemänner ohne Kälte und Schnee

Material:

- Mal- oder Tonpapier in Dunkelblau oder Schwarz
- zwei Teller in unterschiedlichen Größen
- Krepppapierkugeln
- Klebstoff
- schwarzer Filz und Wackelaugen
- orangefarbenes Papier, Moosgummi oder Filz

Die Kinder entdecken in Bilderbüchern Schneemänner. Josephine staunt: „Einen dicken Bauch und einen Kopf." Auch die anderen Kinder interessieren sich für die Menschen aus Schnee. „Ein Gesicht, eine Nase, Augen", zeigt Fiona auf den Bildern. Die Nase ist eine Mohrrübe. Josephine holt auch gleich unsere große Stoffmohrrübe, um die Nase den anderen Kindern zu zeigen. Für den Körper und den Kopf nehmen wir zwei unterschiedlich große Teller und umranden diese auf dem dunklen Malpapier mit einem weißen Stift. Mit den weißen Krepppapierkügelchen bekleben die Kinder die Kreise. Für das Gesicht gibt es als Augen schwarzen Filz und Wackelaugen und für die Nase orangefarbenes Papier, eventuell auch Filz oder Moosgummi. Ida guckt sich die Materialien genau an: „Das ist schwarz, ist weich", sagte sie zum Filz. Henriette faltet die Krepppapierkügelchen wieder auf und klebt das glatte Papier auf.

Vogelhäuschen im Schnee:
Winter-Impressionen

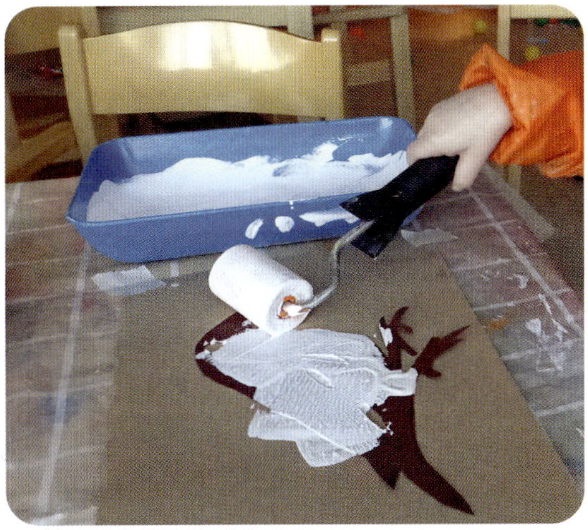

Wie man einen Vogel im Winter malt?
Mit Schaumstoffroller und weißer Schneefarbe!

Material:
- Fotokarton
- Abbildung eines Vogels
- Packpapier
- Schaumstoffroller
- flüssige weiße Farbe (gut deckend)

In unserem Garten steht ein Vogelhäuschen. Als es zu schneien beginnt, befüllen wir mit den Kindern das Vogelhaus mit Sonnenblumenkernen, Meisenknödeln und einem Stück Apfel. Es dauert nicht lange, da kommen die ersten Amseln und bedienen sich. Sofort entdecken die Kinder die Vögel und beobachten sie beim Picken der Körner. Aus Fotokarton stellen wir eine Schablone in Vogelform her. „Ein Vogel!", freuen sich Henriette und Josephine wie aus einem Mund. „Piep, piep!", macht Lukas. „Im Schnee!" Henriette zeigt nach draußen. Wir legen die Vogelschablone auf ein Stück Packpapier und die Kinder rollen mit einer Schaumstoffrolle, die sie vorher in weiße Farbe getunkt haben, darüber. Ein Vogel im Schnee entsteht.

Schnee fällt auf Dächer:
Der Winter von oben betrachtet

Material:
- Rasierschaum
- Watte
- Transparentpapier in Hellblau und Weiß
- Tonkarton, mit Dachziegelmuster bedruckt
- weißes Transparentpapier
- Klebstoff

Inzwischen bedeckt der Schnee die Dächer und Straßen. Dazu ziehen dicke Wolken am Himmel auf. Die Kinder möchten sich weiter mit der weißen Pracht beschäftigen. Weil es immer noch eisig kalt ist, dürfen die Kinder diesmal mit Rasierschaum als Schnee die Schneewolken nachbilden. Weitere Wolkenbilder gestalten wir mithilfe von weißer Watte und Transparentpapier in Hellblau und Weiß. Die Kinder suchen sich die Farbe des Hintergrunds aus. Auf den mit einem Dachziegelmuster bedruckten Tonkarton kleben sie Watte und stellen dabei fest, dass die Watte sich sehr weich anfühlt, aber auch sehr schnell an der Kleberflasche festklebt. Und auch an den Fingern haftet die Watte samt Klebstoff. Vielen Kindern ist das etwas unangenehm und sie beschäftigen sich damit, die Watte von den Fingern zu bekommen. Andere wollen die Watte gar nicht erst anfassen und nur den Klebstoff aus der Flasche drücken. Als Alternative bieten wir den Kindern an, weißes Transparentpapier zu zerreißen und es auf den Tonkarton zu kleben.

Ein Lied zum Schneeprojekt: **Schneeflöckchen, Weißröckchen**

Schneeflöckchen, Weißröckchen,
wann kommst du geschneit?
Du wohnst in den Wolken,
dein Weg ist so weit.

Komm setz dich ans Fenster,
du lieblicher Stern,
malst Blumen und Blätter,
wir haben dich gern.

Schneeflöckchen, du deckst uns
die Blümelein zu,
dann schlafen sie sicher
in himmlischer Ruh'.

Schneeflöckchen, Weißröckchen,
komm zu uns ins Tal.
Dann bau'n wir den Schneemann
und werfen den Ball.

Der erste Schnee

Ans Fenster kommt und seht,
was heute vor sich geht.
Es kommt vom grauen Himmel
in dämmerndem Gewimmel
der erste Schnee herab.

Die Flocken, auf und ab,
wie Schmetterlinge fliegen sie
wie weiße Blätter wiegen sie
in leichten Lüften sich …
Hurra, wie freu ich mich!

Nun lasst uns gleich mal sehen,
wo unsere Schlitten stehen,
der große und der kleine,
der meine und der deine!
Mariechen, zieht den Mantel an!
Da draußen gibt es Schlittenbahn.

Heinrich Seidel (1842–1906)

Schnee klopfen: **Mit einem Kreidebündel Schnee darstellen**

Helle Spuren auf schwarzem Untergrund: Schneegefühle beim Kreidemalen

Material:
- weiße Kreidestücke
- dunkler Tonkarton

Die Kinder bekommen ein Bündel aus drei dünnen, mit Kreppband verbundenen weißen Kreidestücken, die sie gut in der Hand halten können. Damit malen sie nach ihren Vorstellungen Schnee auf dunklen Tonkarton. Auch durch Klopfen der Kreide auf den Tonkarton lassen sich Schneeflocken darstellen. Manche Kinder mögen das Bündel nicht und sind mehr damit beschäftigt, das Kreppband zu entfernen. Als sie dann eine einzelne Kreide in der Hand halten, sind sie zufrieden und beginnen, Schnee zu malen.

Im Land der großen Dinge: Riesenflocken

Material:
- kleine weiße Luftballons
- weiße Transparentpapierschnipsel
- Kleister
- Faltpapier
- Krepppapier

Echte Riesenschneeflocken gestalten die Kinder aus einem kleinen Luftballon, weißen Transparentpapierschnipseln und Kleister. Den Luftballon pusten wir nicht zu groß für die Kinder auf und bestreichen ihn mit flüssigem Kleister. Das in Schnipsel gerissene Transparentpapier kleben die Kinder auf dem Ballon fest. Diese Arbeit erweist sich als nicht ganz einfach, da die Schnipsel häufig nicht am Luftballon festhalten, sondern an den Fingern – eine besondere Herausforderung für die Kinder. Die beklebten Ballons werden mit Faltpapier und Streifen aus Krepp- und Transparentpapier zu Girlanden zusammengestellt und dienen z. B. als Dekoration in der Faschingszeit.

Vom Sinn des Tastsinns

Überall auf dem Körper finden wir an der Haut und den Schleimhäuten Sinneszellen. Der Tastsinn ist grundlegend für unser körperliches und seelisches Wohlbefinden. Berührung ist entscheidend für das gesamte Nervensystem, sie gibt Impulse an die Teile im Gehirn, die zuständig sind für die Entwicklung anderer Sinne. Hier zeigt sich, wie wichtig vielfältige taktile Erfahrungen im Kleinstkindesalter sind. Matschen, kleben, planschen, schmieren, Spuren hinterlassen – was für uns Erwachsene meist eher nach viel (Aufwisch-)Arbeit aussieht, ist für Kinder eine grundlegende Sinnes- und Welterfahrung. Rasierschaum und Watte bieten den Kindern interessante taktile Erfahrungen. Betasten, anfassen dürfen, streiche(l)n und das Erkunden mit den Fingerspitzen sind ein kleines Stückchen Welterfahrung mit großem Lerneffekt.

So könnte Ihr Schnee-Projekt weitergehen:

Schneekristalle backen:

Mit Eiskristallausstechern aus Mürbeteig Kekse ausstechen. Nach dem Backen mit Puderzucker bestäuben.

Schneegewimmel malen:

Schneeflocken mit Wattestäbchen und weißer Fingerfarbe auf dunklen Untergrund tupfen.

Weiß kennenlernen:

Eine Collage aus weißen Materialien herstellen.

Tiere im Schnee:

Mit einem Schaumstoffroller weiße Farbe auf braunen Tonkarton auftragen, trocknen lassen. Fotokopien von Tieren wie Rehen, Vögeln, Eichhörnchen und Hasen ausschneiden und auf die getrocknete Schneefläche kleben.

Eine Winterfühlstraße gestalten:

Nur aus weißen Materialien wie Noppenfolie, Verpackungsfolien, Staubwischtüchern und Watte einen Fußfühlpfad für drinnen auslegen. Das Material in große Pappdeckel legen, die Kinder laufen barfuß über die Fühlstraße.

Krippenkinder entdecken ihr „Ich“ – und das der anderen

Irgendwann zwischen dem zweiten und dritten Lebensjahr beginnen Kinder, von sich selbst als „ich“ zu sprechen. Ein Wunder, das wir immer wieder bei unseren Krippenkindern miterleben dürfen. Gerade zu dieser Zeit fangen die Kinder auch an, Vergleiche zwischen sich und den anderen Kindern zu ziehen. Diese Beobachtungen inspirieren uns zu einem Projekt mit dem Titel „Das bin ich“. Gerade das Sich-selbst-Erkennen ist für Kleinstkinder ein wichtiger Schritt in Richtung Welterfahrung und Weltsicherheit. Dabei helfen den Kindern unsere selbst hergestellten „Das-bin-ich-Büchlein“, die, laminiert und mit Schlüsselring versehen, so robust sind, dass die Krippenkinder sie immer wieder aufs Neue durchblättern können.

Wie sehe ich mich? Wie sehen mich die anderen? Beim Gestalten einer „Das-bin-ich-Puppe“, die sich an einer Schnur führen lässt, kommen nicht nur die Kinder ins Staunen.

Der Anfang: **Sich selbst sehen**

Zunächst fotografieren wir die Kinder von vorne und von hinten und hängen die Fotos (Format ca. DIN A5) im Gruppenraum auf. Die Kinder können nicht genug davon bekommen, sich diese Bilder anzuschauen und sich darauf wiederzuerkennen: „Das bin ich und so sehe ich aus!" Für den Waschraum erstellen wir eine Collage mit den Fotos der Kinder, um deren Handtücher zu kennzeichnen. Auch hier zeigen sie immer wieder darauf, benennen sich selbst und andere.

Die Hände sind zum „Be-Greifen" da

Über das Greifen mit unseren Händen brennen sich Tasterlebnisse intensiv ins Gedächtnis ein und prägen damit das Formgefühl für unser ganzes Leben. Zwei Hände, das sind auch zwei Nervensysteme, die Reize gleichzeitig aufnehmen und verarbeiten. Ein Kind begreift, indem es im Wortsinn etwas „be-greift". Feinmotorik und Auge-Hand-Koordination sind zwei grundlegende Fähigkeiten, die Kleinstkinder bereits entwickeln und die für das spätere Schreibenlernen wichtig sind. Fingerspiele, Handstreichelspiele und feinmotorische Übungen bieten sich an, um mit Kindern ein Gefühl für die eigenen Hände zu entwickeln.

Die Hände begreifen: **Wozu sind die Hände da?**

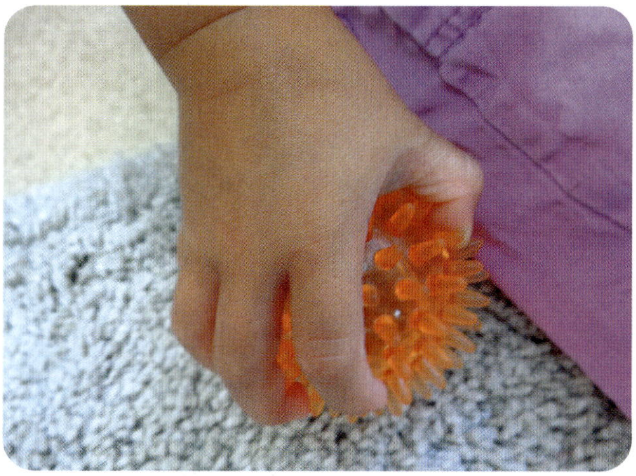

Dazu sind die Hände da: Zum Greifen, Tasten, Fühlen – und für noch viel mehr!

Material:
- Handtuch
- Handpuppe
- Handschuhe
- Löffel
- Ball

Jedes Kind kann mit Fingerfarbe seine Hand abdrucken. Beim Aufkleben auf einen großen Bogen Papier sagt Fiona: „Meine Hand – deine Hand" und andere Kinder fragen: „Wo ist meine Hand?" Uns beschäftigt dann die Frage: Wozu sind unsere Hände eigentlich da? Was machen wir alles damit?

In einem Sitzkreis stellen wir einen Korb mit verschiedenen Gegenständen zusammen: ein kleines Handtuch, Handschuhe, eine Froschhandpuppe, Bausteine, einen Löffel und einen Ball. Josephine entdeckt das Handtuch zuerst: „Ein Lappen!", bemerkt sie und Ida meint: „Abwischen." Ida bekundet Interesse an dem Handschuh: „Handschuhe, rein machen", zeigt ihre Hände und probiert, sie in den Handschuh zu stecken. Maxi zeigt auf die Handschuhe: „Da die Finger!"

Unsere Hände sind kleine biologische Meisterwerke, denn sie sind zu vielen feinen Bewegungen fähig. Was gehört alles dazu? Das Abwischen, das Ida vorschlägt, auf jeden Fall, aber auch spielen, bauen, malen, essen und Bälle werfen. All das und noch viel mehr können unsere Hände.

Die Füße erfassen:
Wozu wir Füße brauchen

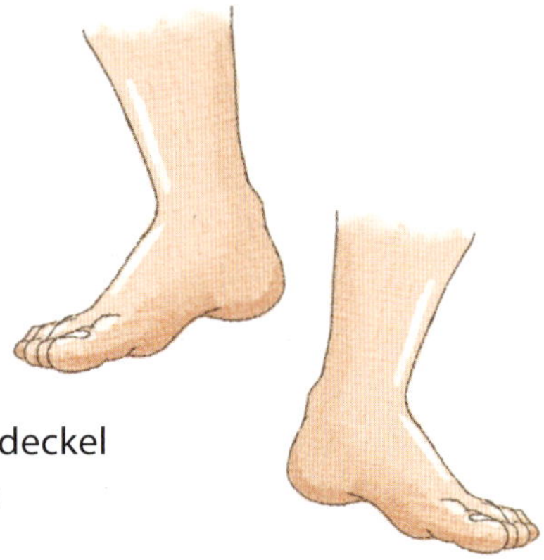

Neben den neuen Erfahrungen und Erlebnissen mit den Händen und ihren Verwendungsmöglichkeiten stehen nun die Füße im Fokus. Auch Füße gehören zu mir. Wie sehen sie aus, was kann ich mit ihnen machen, was fühle ich mit ihnen? Im Sitzkreis ziehen wir unsere Hausschuhe und Strümpfe aus und betrachten unsere Füße. Allein das gibt Anlass zum Staunen, denn kein Fuß sieht wie der andere aus.
Jedes Kind macht auch einen Fußabdruck in seiner Lieblingsfarbe. Wie sich das anfühlt, fragen wir die Kinder. Nass, klebrig und durch den Pinsel für die meisten Kinder sehr kitzelig, erfahren wir.
Nachdem wir die Fußabdrücke fertiggestellt haben, überlegen wir gemeinsam: „Wo gehen wir mit unseren Füßen hin?" Um unsere täglichen „Fußwege" zu verdeutlichen, kleben wir die Abdrücke im Gruppen- und im Waschraum auf den Fußboden.

Material:

- große Pappdeckel
- Fingerfarbe
- Pinsel
- Teppichreste
- Watte
- Luftpolsterfolie
- Alufolie
- Steinmatte
- Igelbälle, Federn, Schwämme

Zu weiteren Aktionen mit den Füßen zählt eine Fühlstraße, die aus Teppich, Leder, Füllwatte, Sisalstoff und einer Steinmatte besteht. Barfuß laufen die Kinder darüber, einige mit unserer Hilfe. Manche Kinder sind zunächst zaghaft und zurückhaltend im Umgang mit den neuen Materialien, jedoch fassen sie schnell Vertrauen und testen sich immer wieder neu aus, sodass alle mit ihren Füßen unterschiedliche und neue Untergründe, Reize und Stimulierungen erfahren können. Als entspannenden Abschluss massieren wir die Füße der Kinder, denen das gefällt, mit Igelbällen, kleinen Schwämmen, Federn und Pinseln.

Ich bin ich - auch wenn ich ein Lätzchen trage

Autonomie und Ich-Entwicklung

Etwa ab dem dritten Lebensjahr bezeichnet sich das Kind zum ersten Mal mit „ich". Nun beginnt eine wichtige Phase, in der ein starkes Autonomiebestreben beim Kind einsetzt – es wird auch vom „Trotzalter" gesprochen. Das Kind empfindet die Mutter nicht mehr wie im Säuglingsalter als Teil seiner selbst, sondern es beginnt, sich als eigenes Lebewesen zu empfinden und auszudrücken.

An der Wand und mit Schlüsselerlebnis:
Mein etwas anderes „Das bin ich"-Buch

Unsere „Das bin ich"-Bücherwand: Laminierte Fotos an Schlüsselringen für jedes Kind

Material:

- Fotos
- Schlüsselring
- Laminiergerät
- Laminierfolie
- Locher
- Saughaken

Jedes Lebewesen ist einmalig. Schon bevor man geboren wird, ist diese Einzigartigkeit vorhanden. Ein Bewusstsein von unserer Individualität entwickelt sich im Laufe des Lebens. Unser Leben lang gehen unsere kreativen Bestrebungen dahin, unverwechselbar zu sein, uns von anderen zu unterscheiden, uns auf eigene Weise auszudrücken und darzustellen. Um diese Individualität noch stärker zum Ausdruck zu bringen, stellen wir mithilfe der Eltern für jedes Kind ein „Das bin ich"-Buch her. Viele verschiedene Fotos von den Kindern, z. B. an ihrem Lieblingsplatz, mit ihrem Lieblingskuscheltier, Fotos von Oma, Opa, Tante, Onkel, Eltern und Geschwistern und noch vieles mehr bringen die Eltern mit. Zusätzlich fotografieren wir in der Krippe die Kinder bei ihren (Lieblings-)Tätigkeiten und erweitern damit das „Das bin ich"-Buch. Was mache ich in der Krippe am liebsten? Mit wem spiele ich? Wer begleitet mich den Tag über in der Krippe? Wo schlafe, esse und wasche ich mich? Mit diesen Fragen machen wir uns auf den Weg, um den Kindern ein Wohlfühlen in der Krippe zu ermöglichen und die Beziehungen untereinander zu festigen. Die Fotos der Kinder werden laminiert, mit einem Loch versehen und durch einen Schlüsselring gezogen. Die Bücher befestigen wir mit Saughaken an der Wand. Für die Kinder haben die „Das bin ich"-Bücher einen starken Aufforderungscharakter und wann immer sie möchten, können sie sich ihr Buch anschauen.

Spiegelerfahrungen:
Mein Gesicht (an)malen

Material:

- Standspiegel
- Creme

Das eigene Gesicht ganz genau betrachten: Das können die Kinder in einem Standspiegel, den wir für sie auf dem Tisch aufbauen. Die Kinder benennen bei dem Blick in den Spiegel Augen, Nase und Mund. Dabei fassen sie entweder ihr eigenes Gesicht an oder betasten den Spiegel. Maxi zeigt auf den Spiegel und beschreibt sein Gesicht. Er kann auch sein Foto in dem Bilderrahmen an der Wand hinter sich entdecken und meint: „Maxi, da." Viele Kinder lachen ihr Spiegelbild an, strecken die Zunge raus oder „küssen" es. Wir bieten den Kindern eine Gesichtscreme an, damit sie ihr Gesicht eincremen können, während sie dabei im Spiegel ihre eigenen Bewegungen verfolgen. Eine nicht ganz einfache Sache, bei der sich die Kinder gut konzentrieren – und ihr Gesicht gleichzeitig tastend und sehend wahrnehmen. Manchmal cremen die Kinder versehentlich auch den Spiegel ein.

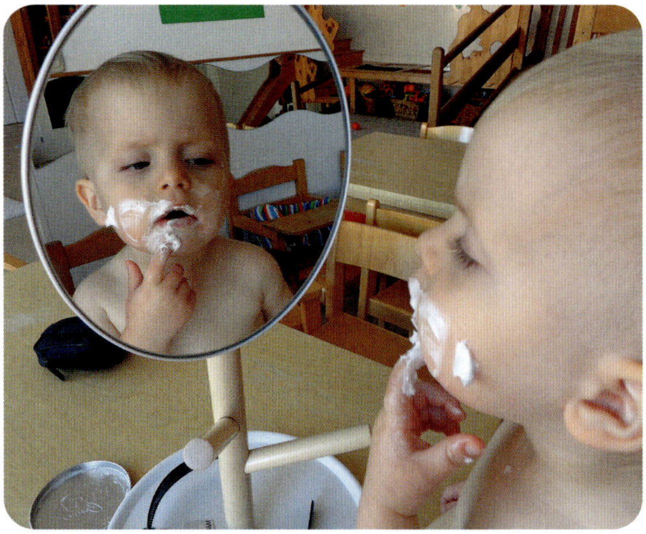

Sich selbst sehen, fühlen – und eincremen: Ein tolles Ich-Erlebnis

Sich selbst (und andere) kennenlernen durch Berührung

Um die Körperwahrnehmung bei Kindern zu vertiefen, ist es förderlich, ihnen die Möglichkeit zu bieten, ihren Körper auf vielfältige Weise kennenzulernen. Hier bieten sich Mitmachgedichte, Fingerspiele und kurze Spiellieder an, in denen es um das Erkennen und Benennen von (eigenen) Körperteilen geht, um diese Erfahrungen zu vertiefen. Um die eigenen Körpervorgänge besser zu verstehen, ist es hilfreich, ein anderes Kind genau zu betrachten, zu befühlen, an ihm zu horchen, es abzumessen usw. Die Gewissheit, dass die Dinge und Vorgänge bei allen ähnlich sind, gibt Selbstvertrauen und stärkt die Freundschaft untereinander. Das Kind lernt, liebevoll mit sich zu sein, und überträgt es auf andere. Es kann angenehm sein, ein anderes Kind zu berühren und zu erkunden, aber auch von anderen berührt zu werden. Ziel dabei ist es unter anderem, dass das Kind mit der Zeit fähig ist, Verantwortung für sich selbst und den eigenen Körper zu übernehmen.

Körpererfahrung im Morgenkreis

Eine Puppe von mir selbst:
Wie sehe ich aus?

Material:
- weißer Tonkarton
- Stoffreste
- Wackelaugen
- Buntstifte
- bunte Papierschnipsel
- Kleber
- Faden

Sich selbst am Band führen: Die Puppen bilden ziemlich genau ab, wie ihre Besitzer aussehen

Die Kinder haben immer Freude daran, sich aus unterschiedlichen Materialien selbst darzustellen bzw. ihre eigenen Vorstellungen von sich und ihrem Äußeren zu entwerfen. Dafür stellen wir ihnen aus weißem Tonkarton geschnittene Körperteile – Kopf, Oberkörper, Arme und Beine – zur Verfügung. Des Weiteren bekommen sie Stoffreste, Wackelaugen, Buntstifte, bunte Papierschnipsel und Klebstoff. Die Kinder können die Körperteile schon benennen. Dann fragen wir sie: „Was hast du an? Wie sehen dein Pullover und deine Hose aus?" Fiona sagt: „Ein Pullover, ein Herz, weich." Sie sucht sich für das Bekleben ihrer Papierbeine rosa Fellstückchen aus, die eine Hose darstellen. Nachdem alle Kinder sich Stoffreste ausgesucht und aufgeklebt haben, fragen wir: „Und wie sieht dein Gesicht aus?" „Augen, Nase, Mund", zählt Fiona auf. Josephine fasst sich an den Kopf: „Kopf hinten einen Zopf." Der Kopf, der Rumpf und die Beine werden auf einem breiten Band zusammengeklebt. Das Band ragt noch 10 bis 20 cm über den Kopf hinaus, so können die Kinder die Figur am oberen Ende des Bandes anfassen.

Kinder ergreifen Besitz von „ihrem“ Raum

Durch die Ausstellung der Fotos der Kinder im Gruppenraum stärken wir das Gefühl der Kinder, sich „ihren“ Raum anzueignen. Auch die Kunstwerke der Kinder stellen wir aus, denn mit etwa anderthalb Jahren beginnt das Interesse am eigenen Werk – der Stolz auf etwas Selbstgeschaffenes. Diesem kindlichen Wahrnehmen wollen wir Rechnung tragen. „Alleine!“ Dieser Ausruf von Kindern, Dinge schon selbstständig und ohne Hilfe erledigen zu wollen, zeigt den Anspruch auf die eigene Tätigkeit. Ab etwa zweieinhalb Jahren, mit dem stärkeren Bewusstsein des eigenen Ich, erlebt sich das Kind als Initiator und Verursacher von Handlungen. Nach der Vorstellung „Ich handele“ tritt jetzt der Gedanke „Was ich alles kann“ in den Vordergrund. Die Entwicklung des Selbst ist eng verbunden mit der Möglichkeit, aktiv zu handeln. Aus diesem Grund bieten wir den Kindern im Gruppenalltag vermehrt Materialien an, die ihre Selbsttätigkeit unterstützen und das Spielen von ersten Rollenspielen ermöglichen.

Den Überblick behalten: Wer ist da?

Material:

- Kinderfotos
- Wäscheleine
- Wäscheklammern
- Schachtel für die Fotos, z. B. Karteikasten

Um für alle sichtbar zu machen, wer da ist, erstellen wir ein Foto von jedem Kind, befestigen eine Wäscheleine mit vielen Klammern an der Wand und stellen eine Box zum Aufbewahren der Fotos wie in einem Karteikasten bereit. Die Kinder haben sehr schnell verinnerlicht, morgens, wenn sie gebracht werden, ihr Foto aufzuhängen und es beim Abholen wieder abzunehmen. Die Kinder stehen immer wieder vor der Wand und schauen sich die Fotos an. Sie bemerken dabei auch, wer schon da ist und wer fehlt, und sie wollen vor allen Dingen ihr eigenes Foto selbstständig auf- und abhängen.

Ich bin ich – auch wenn ich mich verkleide: erste Erfahrungen mit Rollenwechseln

Eine Wäscheklammerwand informiert per Foto, wer heute da ist und wer fehlt

Das will ich gerne machen:
Die Magie der Hausarbeitsgeräte

Material:
- Spülbürste
- Geschirrhandtücher und Topflappen
- Handfeger und Kehrblech
- Wäscheständer
- Wäscheklammern

Haushaltsgeräte und die damit verbundenen Tätigkeiten: Eine Attraktion für Kleinstkinder

Leo hat sich die Abwaschbürste aus unserem Bürstenfundus herausgesucht, geht damit in die Puppenecke und will sie aufhängen. Seinen Wunsch nach Haushaltsgegenständen erfüllen wir und stellen den Kindern Geschirrhandtücher, Topflappen, Handfeger und Kehrblech sowie einen Wäscheständer mit Wäscheklammern zur Verfügung. Kinder nehmen gerne aktiv am Leben ihrer Umgebung teil. Es macht ihnen unendlich viel Spaß, solche Arbeiten nachzuahmen, die sie bei Erwachsenen im täglichen Miteinander beobachten. So waschen sie gerne mit der Spülbürste ab, trocknen das Geschirr mit den Handtüchern, putzen mit Begeisterung den Boden und versuchen emsig, die Wäsche auf die Leine zu hängen.

So könnte Ihr „Ich-Projekt" weitergehen:

Soooo groß bin ich:

Die Kinder stellen sich an eine Messlatte. Tragen Sie die Größe ein und wiederholen Sie diese Aktion nach einigen Wochen oder Monaten. Die Kinder können sich nun selbst in ihrem Wachstum einschätzen.

„Das bin ich"-Poster:

Jedes Kind stellt sein eigenes kleines „Das bin ich"-Plakat her: In die Mitte eines Bogens Tonkarton klebt jedes Kind sein Porträt und verziert es rundherum mit verschiedenen Materialien seiner Wahl und/oder aus seinem Alltag.

Buchtipps:

Bilderbuch „Das kleine Ich bin ich" von Mira Lobe und Susi Weigel, Jungbrunnen Verlag

Praxisheft „Die schönsten Fingerspiele" von Suse Klein, Kaufmann Verlag

Wie die Farben Gelb, Blau und Rot zu Besuch kommen

Wenn wir im Gruppenraum den Tisch mit unseren farbigen Tellern decken oder sich die Kinder Stifte oder Kreiden für eine bestimmte Malaktion aussuchen können, erleben wir es: Schon die jüngsten Kinder in der Gruppe bevorzugen ganz bestimmte Farben. Es ist ihnen nicht gleichgültig, welche Farbe ihr Teller oder ihr Becher hat oder welche Auswahl sie aus einem Farbsortiment treffen. Und anders, als wir dachten, entscheiden sich die Kinder meist nicht für Hellblau oder Rosa, sondern für kräftige Töne. Auch das Sortieren in farbliche Kategorien interessiert die Kinder. Höchste Zeit für ein Farbenprojekt!

Bunte 3-D-Kunstwerke wie Materialcollagen begleiten uns auf unserer Reise in die Welt der Farben und der Kunst.

Der Einstieg in die Welt der Farben:
Ein Experiment für den Farbentest

Kennen die Kinder schon Farben? Das wollen wir herausfinden, indem wir einen gelben, einen roten und einen blauen Korb in die Mitte des Sitzkreises stellen. Wir legen in jeden Korb jeweils die farblich passenden Bauklötze. Wenn wir die Kinder fragen: „Wo sind die roten Bausteine?“, können sie nur auf den roten Korb zeigen, wenn sie auch den Begriff „Rot“ kennen. Einige Kinder zeigen auf den roten Korb, andere versuchen das Wort auszusprechen, während die Jüngsten aufmerksam die etwas älteren Kinder beobachten. Wir beschäftigen uns eine Weile mit den Körben und den bunten Steinen und überlassen dann den Kindern die Körbe mit ihren farbigen Inhalten.

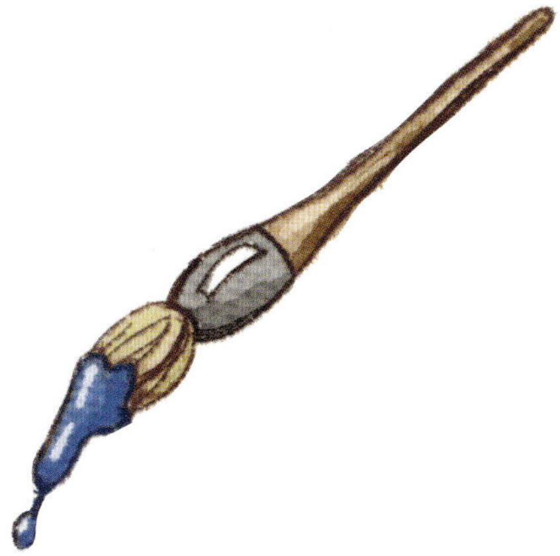

Erste Schritte in die Welt der Kunst:
Malen an der Staffelei

Material:
- weißes Zeichenpapier
- Fingerfarbe oder flüssige Farbe
- langstieliger Borstenpinsel
- Wasser

Kunstwerke in nur einer Farbe (hier Rot) eröffnen unser Farben-Projekt

Erste sensomotorische Erfahrungen für Kinder bietet das Malen mit Fingerfarben. Darum dürfen unsere Kinder mit Gelb, Rot, Blau und Grün tupfen, schmieren, malen und klecksen, bevor wir den nächsten Schritt gehen und farbige Hand- und Fußabdrücke mit den Kindern herstellen.
Schließlich wagen wir uns mit den Kindern an die Staffelei: Für jedes Kind haben wir hier ein großformatiges (mindestens DIN A3), stabiles weißes Blatt Zeichenpapier befestigt. Die Kinder können aus unserem Sortiment von Flüssigfarben wählen – das machen sie mit viel Bedacht. Dann erhalten sie eine Palette für ihre Farbe, Wasser und einen dicken Borstenpinsel mit einem langen Stiel. Als wir sehen, dass die Kinder gar nicht aufhören wollen, mit dem Pinsel die Farbe aufzutragen, bekommt jedes Kind ein weiteres Blatt, das es mit einer Farbe seiner Wahl wieder bemalen kann.

... und jetzt in die dritte Dimension:
Kunstwerke in 3-D-Optik

Material:

- in nur einer Farbe gemalte Bilder
- Schere und Klebstoff

Inzwischen haben wir eine schöne Sammlung von monochrom gemalten Bildern; daraus machen wir mit den Kindern jetzt 3-D-Kunstwerke. Einige Bilder verwenden wir als die zu beklebende Fläche. Andere schneiden wir in Streifen in den Maßen von etwa 3 x 20 cm. Mit unserer Hilfe knicken die Kinder die Streifen in der Mitte, bestreichen eine Hälfte mit Klebstoff und kleben diese Seite auf ein Bild einer anderen Farbe. Die andere Hälfte des Streifens wird hochgebogen, sodass sie etwa senkrecht steht. Auf diese Weise entstehen dreidimensionale Bilder.

Wie schmeckt Gelb?
Buntes Obst auf dem Leuchttisch

Man könnte meinen, Farben kommen aus Tuben, Tuschkästen und Flaschen. Aber sehen wir uns mit den Kindern den Obstkorb in der Kita an, entdecken wir die schönsten Farben, die direkt aus der Natur stammen. Wir fordern die Kinder auf, sich Obst auszuwählen. Zusammen betrachten wir die Farben und einige Kinder können sie tatsächlich schon benennen. Wir schneiden Obst – eine Kiwi, Banane, Erdbeeren und eine Zitrone – in Scheiben und die Kinder legen sie auf den Leuchttisch. Das Licht wird nun an- und ausgeschaltet und jedes Mal verändern sich die Farben der Scheiben. Zum Schluss probieren wir das Obst. Besonders interessant finden die Kinder die Kiwi, die farblich außen ganz anders ist als innen.

„Wollt ihr grüne Farbe mischen?", fragen wir die Kinder. Das möchten sie sehr gern. Auf einer Palette erhalten die Kinder gelbe und blaue Farbe, einen Borstenpinsel und Wasser. Sie rühren in der Farbe umher, einige Kinder mischen die Farben auf der Palette, andere tragen sie separat oder übereinander auf dem Malgrund auf. Auf einmal wandeln sich Blau und Gelb, es entsteht ein neuer Farbton, nämlich Grün!

Ein altes Lied über Farben:
Grün, grün, grün sind alle meine Kleider …

Das alte Volkslied von den Farben der Kleider ist auch heute noch beliebt.

Grün, grün, grün sind alle meine Kleider,
grün, grün, grün ist alles, was ich hab.
Darum lieb ich alles was so grün ist:
weil mein Schatz ein Jäger ist.

Weiß, weiß, weiß sind alle meine Kleider,
weiß, weiß, weiß ist alles, was ich hab.
Darum lieb ich alles was so weiß ist:
weil mein Schatz ein Bäcker ist.

Weitere Strophen können entstehen aus: schwarz (Schornsteinfeger), orange (Müllmann), gelb (Postbote), blau (Polizist) und bunt (Maler).

Wie Kleinstkinder und Säuglinge Farben wahrnehmen

Forschungen haben ergeben, dass Säuglinge schon sehr früh Farben wahrnehmen. Ein zwölf Stunden altes Neugeborenes kann Farben sehen. Bisherige Forschungen ergaben, dass Säuglinge Rot und Gelb vor allen anderen Farben bevorzugen. Im Gegensatz zu pastelligen Tönen wie Rosa und Hellblau scheinen Babys und sehr junge Kleinstkinder bis etwa 1 Jahr generell eher auf die kräftigen Farben zu reagieren, allen voran Rot. Die für die Farbunterscheidung zuständigen Zäpfchen in der Netzhaut des Auges entwickeln sich allerdings bei Jungen später als bei Mädchen, sodass sich Jungen häufig schwerer damit tun, Grün und Blau zu unterscheiden.

Ebenfalls erwiesen ist, dass auch sehr junge Kinder Farben auseinanderhalten und „denken" können, selbst wenn sie den Namen noch nicht wissen oder aussprechen können: Es liegt ein kindliches Konzept von „Rot" vor, auch wenn der Name „Rot" noch nicht im Gehirn oder Sprachgedächtnis gespeichert ist.

Bunt und bunt gesellt sich gern:
Eine Materialcollage

Was passt alles auf mein Bild: Knöpfe, Stopfen, Papierschnipsel – aber bitte alles in einer Farbe

Material:

- farbige kleine Gegenstände (z. B. Stopfen, Wäscheklammern, Papierreste, Bastelperlen, kleine Eislöffel aus Kunststoff, Knöpfe, Bänder, Stoffreste …)
- kleine Leinwände
- Kleister und Pinsel
- Papierschnipsel in den entsprechenden Farben
- Schälchen und Behälter

Im Laufe unseres Farbenprojektes haben wir mit den Kindern viele kleine farbige Objekte wie Eislöffelchen aus der Eisdiele, Wäscheklammern, Schraubverschlüsse von PET-Flaschen, kleine Bälle und Spielzeugautos gesammelt, sie nach Farben sortiert und in transparenten Behältern aufbewahrt. Unsere schöne Sammlung ermöglicht es den Kindern, daraus eine Farbcollage herzustellen. Als Untergrund nehmen wir kleine Leinwände. Die Kinder wählen sich einen Farbton aus – das machen sie sehr konzentriert, es ist ihnen nicht gleich, mit welcher Farbe sie ihre Collage gestalten. Zuerst wird die Leinwand eingekleistert, dann wählen sich die Kinder aus dem Kasten ihrer Wahl einzelne gleichfarbige Dinge aus und kleben sie auf. Auch Papierschnipsel in den jeweils vorkommenden Farben stellen wir den Kindern zum Aufkleben zur Verfügung.

Was ist eine Materialcollage?

Das Wort „Collage" kommt von „coller", dem französischen Verb für „kleben", aber Collagen sind heute nicht nur Klebebilder aus Papier, der Begriff umfasst alle möglichen Arten von Materialien. Materialcollagen lassen der Fantasie der Kinder einen großen Spielraum. Unterschiedliche Materialien, die die Kinder sich aussuchen, wie einen Knopf oder einen kleinen Eislöffel, betrachten sie genau und erinnern sich vielleicht, wozu man diese Dinge eigentlich benutzt. Das Material wird hier zwar zweckentfremdet, aber in einem künstlerischen Kontext weiterverwertet. Die Kinder schauen Dinge ihres Alltags genauer an, nehmen sie wahr und erobern sich auf diese Weise ein Stück Welt(wissen).

Wie sich die Farben verändern:
Ein Experiment in der Nass-in-nass-Technik

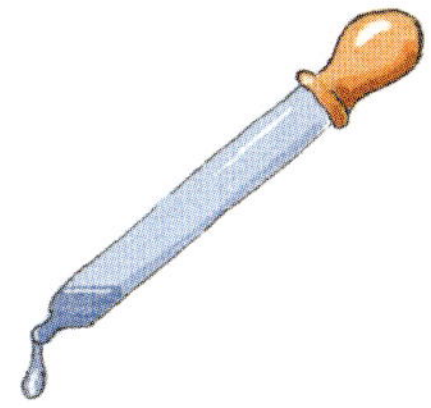

Material:
- Tuschfarben und Wasser
- rundes Filterpapier (z. B. rund ausgeschnittenes Küchenkrepp oder aufgeschnittene Kaffeefilter)
- Pipette

Verflüssigte Tuschfarbe und rundes Filterpapier benötigen wir für unser nächstes Farbexperiment: Mit einer Pipette nehmen die Kinder die Farbe auf und tropfen sie dann auf das angefeuchtete Filterpapier. Wenn die Kinder verschiedene Farbtöne ausprobieren, können sie gut beobachten, wie die Farben auseinanderlaufen, sich netzartig verteilen und natürlich auch, wie Mischfarben entstehen.

Nasse Kleckse auf Filterpapier ineinander laufen lassen: Farbenzaubern leicht gemacht

Dokumentation für die Eltern und Kinder:
Ein Farbenordner

Material:
- Ordner
- Prospekthüllen
- gerissenes Papier
- Bast und Strohhalme
- Filz und Moosgummi

Wir haben mit den Kindern zusammen einen Farbenordner angelegt. Er enthält eine Reihe von Materialien wie Strohhalme, Bast, Filz, gerissenes Papier und von den Kindern gemalte Bilder, um nur einige Beispiele zu nennen. Alle Dinge sind farblich geordnet und in Prospekthüllen aufbewahrt. Die Kinder benutzen den Ordner wie ein Bilderbuch.

Licht und Farbe – und warum wir in einer Welt des Sehens leben

Licht und Farbe sind eng miteinander verbunden. Licht macht unsere Umgebung erst sichtbar und gibt uns Informationen zu Struktur, Größe, dreidimensionalen Formen und Farben. Die unterschiedlichen Eindrücke erhalten wir durch Lichtstärke, Lichtrichtung, Schatten- und Farbwirkungen. Die meisten der uns erreichenden Informationen über die Umwelt, etwa 80 %, erhalten wir durch das Sehen – wir leben also in einer „Seh-Welt" – im Gegensatz zu einigen anderen Lebewesen.

Pink aus der Natur:
Malen mit Roter Bete

Material:

- Rote Bete
- Baumwolltuch
- Pinsel
- Aquarellpapier

Malen mit Gemüse: hier mit selbst gemachtem Pink aus Roter Bete

Die Rote Bete (oder Rote Rübe) enthält den nach ihr benannten Farbstoff Betanin. Diesen roten Farbstoff, den man früher zum Färben von Wolle verwendet hat, lernen die Kinder kennen. Wir raspeln rohe Knollen, die nicht mehr gegessen werden und die wir auf dem Markt geschenkt bekamen. Mithilfe eines Baumwolltuchs pressen wir den Saft heraus. Auf Aquarellpapier verteilen die Kinder mit einem dicken Pinsel die magentafarbene Flüssigkeit. Das bereitet ihnen viel Freude und sie beobachten, dass die Farbe umso intensiver leuchtet, je mehr sie davon auf dem Papier übereinander auftragen.

So könnte Ihr Farben-Projekt weitergehen:

Ton-in-Ton-Kunstwerke:

Die Kinder suchen sich Papier in nur einer bestimmten Farbe (aber in vielen Variationen der gleichen Farbe) aus, zerreißen es und sammeln die Schnipsel in einer Schale; dann kleistern sie einen festen Untergrund in der gleichen Farbe ein, z. B. Pappe, Leinwand oder Tonkarton, und kleben die Schnipsel auf. Auch Komplementärkontraste (Schnipsel in Orange, Untergrund in Blau) sehen toll aus!

Eine Farbenbrille herstellen:

Für jedes Kind eine Brille aus Karton basteln und bunte Folie als „Scheiben" verwenden.

Punktmuster:

Mit Wattestäbchen Fingerfarbe auf Papier auftragen.

Klatschbilder:

Auf ein in der Mitte gefaltetes und wieder aufgeklapptes Stück Malpapier mit dem Pinsel Farben auftragen, Papierhälften aufeinanderpressen und vorsichtig auseinanderziehen. Entstanden ist ein abstraktes Farbmuster, das aus den ineinandergeflossenen Farben (vielleicht) ein erkennbares Motiv ergeben hat.

IMPRESSUM

7. Auflage 2023

Texte
Petra Ahrens, Monika Klages
Redaktion: Natalie Braun

Illustrationen
Julia Gerigk
Strichillustrationen: Created by Freepik
und © brovkoserhii / Fotolia.com

Fotos
Titelmotiv: © Sunny studio / Shutterstock.com
Projektfotos: Monika Klages,
S. 6: © lagom / Fotolia.com
S. 10: © Alexandr Vasilyev / Fotolia.com
S. 11: © gudrin / Fotolia.com
S. 14: © lunaundmo / Fotolia.com
S. 35: © oksix / Fotolia.com
S. 36: © Robert Kneschke / Fotolia.com

Gestaltung
Büro MAGENTA, Freiburg

Druck
ADverts Printing House

ISBN 978-3-7806-5113-6